大樂文化

大樂文化

海期刀神教你用
100張圖實戰
均線三刀流

刀神◎著

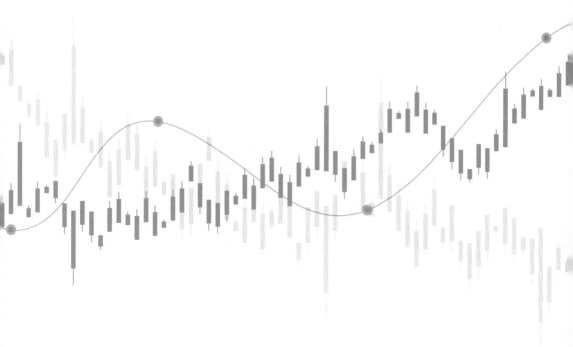

Contents

第3章 從順勢做波段到逆勢抓轉折，都要懂得停損停利

第4章 增強實戰技巧，才能在市場活得久又賺得多

海期波動大、獲利快且門檻低，
小資族也能如魚得水

　　在台灣，投資台指期的人不少，但懂得在海期市場做交易的人就不多了！

　　台指期市場的規模較小，法人和主力作手有點風吹草動，馬上會對市場造成大幅波動。相對地，在每天動輒數十萬口交易量的海期市場，如果不是震驚市場的大事件，其實很難撼動指數價格。因此，投資海外期貨的優勢便在於「波動大、獲利快」。

　　對於本金不多的小資族來說，海期的微型商品所需的保證金，幾乎等於一口小型台指期。因為微型商品的門檻低、規格小，參與海期市場就有更加便利的選擇。

⑤ 技術分析在海期市場深具參考價值

　　海期市場的交易量大，使得技術分析的參考價值更高。如果能培養並建立一套有效的交易系統，嚴格控制停損停利，那麼要在海期市場長期維持大賺小賠的戰績，並不困難。而且，學會判讀國際市場走勢的技巧後，回頭面對台股市場自然是如魚得水。

　　俗話說：「交易眼前所看到的，而不是交易想看到的。」然而我們看得出來嗎？這才是問題所在。

　　在本書裡，我盡量把海期商品可能發生的技術面變化，提供給讀者

參考，相信各位經過學習，會了解眼前正在發生什麼事情，例如：指數破底翻、豆油大跌等等。

基於證券交易相關法規，我不會提供交易點位，也不會直言在哪裡做多或是做空，但如果讀者志在學習而不是跟單，自然看得懂貓膩在哪裡。當然，若完全沒有任何基礎，不可能知道這些市場變化後面將發生什麼事情，所以我會先帶各位逐步充實海期技術分析的知識。

承繼我上一本書《海期刀神的 60 分 K 獲利術：一小時學會均線與斜率，賺 100% 的致勝雙刀流》後，這本書是我累積更多實戰經驗，花費更多工夫所推出的著作，衷心希望有更多想藉由投資實現財富自由、但仍觀望猶豫的朋友，加入海期致富的行列。

最後，感謝大樂文化的協助，讓本書得以呈現在各位讀者面前，相信透過我的分享，大家可以在海期投資之路上有滿滿的收穫！

溫馨提醒 投資理財必有風險，宜量力而為，並自負盈虧之責。

NOTE   /   /   /

第 1 章

刀神的均線三刀流，
帶你準確判斷多空趨勢

1-1 海期交易的起手式，要了解合約規格和保證金制度

針對海外期貨交易，現在台灣期貨商擁有完善的制度和開戶流程。投資人成功開戶之後，只需要把國內資金移轉到外幣帳戶，確認有足夠的原始保證金，就可以直接下單進行海期交易。

具體來說，除了參考本書的各種實戰操作技巧和案例之外，如果有任何疑問，可以洽詢各大期貨商的營業人員。

$ 搞懂海期交易的合約規格重點

進行海期交易的第一步，就是為了掌握相關規則、熟悉箇中風險，你必須知道「合約規格」的定義。以下將海期交易的合約規格，整理成圖表 1-1。

在了解海期交易的合約規格時，要注意以下幾個重點。

◎交易所和商品（代碼）

由於期貨下單軟體裡面有許多選項，因此必須清楚商品屬於哪個交易所，以及代碼是什麼，查詢起來才會更加快速。

而且，有些商品同時在幾個交易所掛牌交易，例如日經期貨不僅在新加坡交易，也在大阪交易所掛牌。畢竟，在不同的交易所，合約規格會有所差異，假如不小心下錯單就得不償失了。

| 圖表1-1 | 海期交易的合約規格（舉例） |

交易所	商品（代碼）	最小跳動值	交易時間	交易月份
芝加哥 CBOT	小道瓊（YM）	1點=5美元	E06:00AM~05:00AM（E04:15~04:30休息）	3、6、9、12
新加坡 SGX	A50（CN）	2.5點=2.5美元	E09:00~16:35 E17:00~04:45（T+1）	近2個連續月份 & 近4個季月

相關資訊以公告為準

◎最小跳動值

最小跳動值代表一跳多少錢，是海期交易的重點。知道最小跳動值，才可以計算沖銷損益，以及計算短線當沖至少要獲利幾點，才能抵銷交易成本（手續費）。

◎交易時間

不少投資人知道，台指期分為早盤和夜盤，早盤時間是 8:45~13:45，夜盤時間是 15:00~ 隔天 5:00。現在，美盤商品交易時間也會以台灣時間表達，而且預設為夏令時間，冬令期間則延後一小時。有一些交易所會區分上午盤和下午盤，例如新加坡 A50 的下午盤是 17:00~ 隔天 4:45。

◎漲跌幅規則

一般來說，出現極端行情時，才需要留意漲跌幅規則，例如 2020 年美股曾多次盤中觸發熔斷。不過最近幾年，各大交易所不斷地修改商品漲跌幅規則，通常是漲跌幅達到一定幅度（例如 7%），就會先暫停交易，再開放更大的漲跌幅，最後可能沒有漲跌幅的限制。

$ 保證金制度是另一個重要環節

在進行海期交易之前，除了要搞懂合約規格，保證金也是重要的環節。目前各大期貨商的網站上，都清楚地列出每一種海期商品所需的保證金。一般來說，依據「期貨交易所」和「商品類別」兩種方式來區分（見圖表1-2、圖表1-3）。

圖表1-2 世界主要期貨交易所

紐約 NYMEX 交易所	芝加哥 CBOT 交易所	芝加哥 CME 交易所	美洲洲際 ICE US 交易所
英國倫敦 LME 金屬交易所	歐洲 EUREX 交易所	歐洲洲際 ICE EUROPE 交易所	CFE 交易所
香港 HKF 交易所	新加坡 SGX 交易所	日本 JPX 交易所	東京工業 TOCOM 交易所

圖表1-3 保證金依商品類別區分（舉例）

芝加哥 CBOT 交易所				
期貨商品名稱 （代號）	原始保證金	維持保證金	當沖保證金 （保證金減半）	幣別
小道瓊（YM）	11440	10400	5720	USD
微型道瓊（MYM）	1144	1040	572	USD
房產指數（RE）	2310	2100	1155	USD
小麥（W）	1925	1750	963	USD
玉米（C）	1155	1050	578	USD
小玉米（YC）	231	210	116	USD
黃豆（S）	2200	2000	1100	USD
小黃豆（YK）	440	400	220	USD

相關資訊以公告為準

從圖表 1-3 可以得知，依據商品類別分類的保證金制度當中，有原始保證金和維持保證金兩種。那麼，投資人應該參考哪一種呢？我的答案是「看最貴的」。

原始保證金是進入交易市場的門檻，沒有這筆錢千萬不要進場。與股票當沖交易不同，做海期當沖交易不需要另外申請，而當沖保證金的金額通常是原始保證金的二分之一（減半）。

假設你今天要交易的期貨商品是黃豆油（見圖表 1-4），黃豆油代號是 BO，最小跳動點是 0.01 點 =6 美元，這與台指期貨每跳 1 點 =50 元是一樣的道理，只是單位不同而已。像玉米（C）的最小跳動點是 1/4 點，在報價軟體上會呈現 1/4 點或 12.5 美元。

圖表1-4　農產品期貨的合約規格

商品名稱	最小跳動點	台北夏令交易時間	交易月份
黃豆油（BO）	0.01點=6美元	E08:00-20:45 E21:30-02:20	1、3、5、7、8、9、10、12
玉米（C）	1/4點=12.5美元		3、5、7、9、12
燕麥（O）	1/4點=12.5美元		3、5、7、9、12
黃豆（S）	1/4點=12.5美元		1、3、5、7、8、9、11
黃豆粉（SM）	0.1點=10美元		1、3、5、7、8、9、10、12
小麥（W）	1/4點=12.5美元		3、5、7、9、12
粗米（RR）	0.005點 =10美元	E08:00-10:00（1/22起） E21:30-02:20	1、3、5、7、9、11
小玉米（YC）	1/8點=1.25美元	E08:00AM-20:45PM E21:30PM-02:45AM	3、5、7、9、12
小黃豆（YK）	1/8點=1.25美元		1、3、5、7、8、9、11
可可（CC）	1點=10美元	E16:45PM~01:30AM LT 提早收 E 23:50PM	3、5、7、9、12
咖啡（KC）	0.05點 =18.75美元	E16:15PM~01:30AM LT 提早收 E01:25AM	3、5、7、9、12

相關資訊以公告為準

$ 每種海期商品有對應的交易月份

　　至於交易月份，相較於每個月都有交易的台指期，海期的每一種商品都有它相對應的交易月份，例如黃豆油（BO）是 1 月、3 月、5 月、7 月、8 月、9 月、10 月、12 月，不過各個月份的合約規格不盡相同。那麼，到底要看哪一個月份才準確呢？

　　依據我的經驗，看「量大的」保證不會錯，因為就像股票一樣，有量才有價，也不怕遇到流動性風險的問題。

　　看完以上的注意要點之後，我們做一個情境練習題。如果小明想要在海期市場交易玉米，但他不曉得合約規格，該怎麼運用圖表 1-5 的各項資訊？

　　綜合前面的說明，他只要依照「交易所→代號→最小跳動點→一大跳→交易時間」的順序確認，就沒問題了。

1. 期貨商品玉米的交易所在哪裡？

　　答案：芝加哥 CBOT 交易所

2. 期貨商品的代號是什麼？

　　答案：C

3. 最小跳動點是多少錢？

　　答案：1/4 美分 =12.5 美元

4. 一大跳是多少錢？

　　答案：代表 1 點 =12.5 X 4=50 美元

5. 交易時間是從幾點到幾點？

　　答案：夏令時間是 08:00~ 隔天 02:20（08:45~09:30 暫停 15 分鐘），冬令時間是 09:00~ 隔天 03:20 （08:45~09:30 暫停 15 分鐘）。

| 圖表1-5 | 海期商品的合約規格（舉例） |

芝加哥 CBOT 交易所			
商品名稱	最小跳動點	台北夏令交易時間	交易月份
小道瓊（YM）	1點=5美元	E06:00AM~05:00AM（E04:15~04:30休息）LT 提早收 21:30PM	3、6、9、12
微型道瓊（MYM）	1點=0.5美元		
房產指數（RE）	0.1點=10美元		
黃豆油（BO）	0.01點=6美元	E08:00-20:45 E21:30-02:20	1、3、5、7、8、9、10、12
玉米（C）	1/4點=12.5美元		3、5、7、9、12
燕麥（O）	1/4點=12.5美元		3、5、7、9、12
黃豆（S）	1/4點=12.5美元		1、3、5、7、8、9、11
小麥（W）	1/4點=12.5美元		3、5、7、8、9、11
黃豆粉（SM）	0.1點=10美元		1、3、5、7、8、9、10、12

相關資訊以公告為準

1-2

海期商品五花八門，微型商品是新手的好選擇

在海外期貨市場，可以交易的商品五花八門，一般來說，分為五大類，分別是指數、貴金屬、農產品、外匯期貨、能源期貨。海期商品的代號，見圖表 1-6、圖表 1-7、圖表 1-8。

海期投資新手剛開始看到這些代號，肯定一頭霧水，加上有些代號難以理解，因此建議多花一點時間熟悉。

舉例來說，小 S&P 的代號是 ES，並不是直覺認為的 SP 這麼簡單。

圖表1-6　海期可交易商品（指數）

海外期貨分類	商品名稱	代號
指數	小S&P	ES
	小那斯達克	NQ
	小羅素	RTY
	小道瓊	YM
	美元	DX
	大日經（大阪交易所）	JNI
	日經（新加坡交易所）	SSI
	A50	CN

圖表1-7	海期可交易商品（貴金屬、農產品）	

海外期貨分類	商品名稱	代號
貴金屬	銅	HG
	黃金	GC
	白銀	SI
	微型黃金	MGC
農產品	玉米	C
	小麥	W
	黃豆	S
	糖	SB
	咖啡	KC
	可可	CC

圖表1-8	海期可交易商品（外匯期貨、能源期貨）	

海外期貨分類	商品名稱	代號
外匯期貨	歐元	EC
	微型歐元	ECM
	小歐元	UROM
	澳幣	AD
能源期貨	輕原油	CL
	小輕原油	QM
	天然氣	NG

因為 S&P 指數的合約規格比較大，幾乎沒有交易量，所以海期投資人大多是交易小 S&P。

此外，如果想要交易小 S&P 的微型商品，則在代號前面加一個 M，成為 MES，便可以找到商品。

$ 海期的微型商品，保證金低好入手

2021 年，台灣股市終於開放了海外期貨的微型商品交易，對小資族來說是一大福音！因為你可以用幾乎等於「小台（小型台指期貨）」的保證金，去參與海期市場（見圖表 1-9、圖表 1-10）。

需要特別留意的是，微型商品的跳動點數是小型商品的十分之一，對於當沖交易者來說並不是首選。因為以目前的市場行情來說，通常需要跳 8 至 12 個 TICK，才有辦法把手續費賺回來，如果選擇微型商品做當沖交易，反而會把損益兩平點拉得更遠！

圖表1-9　海期可交易的微型商品

指數期貨			
商品名稱	最小跳動點	台北夏令 交易時間	交易月份
小道瓊（YM）	1點＝5美元	E06:00AM ~05:00AM （E04:15 ~04:30休息） LT 提早收 21:30PM	3、6、9、12
微型道瓊（MYM）	1點＝0.5美元		
房地產（RE）	0.1點＝10美元		
迷你S&P（ES）	0.25點＝12.5美元		
微型S&P（MES）	0.25點＝12.5美元		
EM-ND（NQ）	0.25點＝5美元		
微型那斯達克（MNQ）	0.25點＝0.5美元		
小羅素（RTY）	0.1點＝5美元		
微型羅素（M2K）	0.1點＝0.5美元		

相關資訊以公告為準

圖表1-10　小資族的微型商品選擇

商品名稱	所需保證金
微型道瓊（MYM）	約 1,045 美元
微型S&P（MES）	約 1,320 美元
微型那斯達克（MNQ）	約 1,760 美元
微型羅素（M2K）	約 715 美元
微型黃金（MGC）	約 1,265 美元

相關資訊以公告為準

1-3 為何有些人做海期賺不到錢？因為3大致命錯誤

在介紹海期交易的合約規格、保證金制度、商品種類等必備知識之後，來談談我個人認為投資人最常犯哪三種錯誤，造成無法累積獲利，甚至虧損連連。

💲 交易口數不固定

如果交易口數不固定，會導致什麼後果？很可能一筆單就把前面所有贏的獲利賠光！一般人最常犯的錯誤，是平常只用一口的單贏錢，當贏到可以打 10 口單的時候，馬上改下 10 口單，演變成用 10 口單的速度輸錢。

我自己做交易策略回測時，絕對是設定固定口數去回測績效，那些能有效征服市場的交易方法，都是以固定金額和口數為前提。即使勝率只有 40%，每次停損的金額對整體部位來說微乎其微，只要賺到一隻龍膽或一次大波段行情，就有極高機率把所有虧損補回來。

假設你總是只打一口單，順風順水地連續獲利九次，在最後一次決定賭一把，一次下 10 口單，結果卻輸掉，那麼即便整體來看是贏九次、輸一次，勝率高達 90%，其實你最後是賠錢。

「勝不驕、敗不餒」是交易最重要的原則，為什麼要隨便放大交易口數呢？追根究柢就是過於貪心，無法嚴守紀律。一旦心態飄忽不定，

交易便容易出現致命的錯誤。

$ 沒行情硬要交易

　　大多數的投資人都沒有耐心去等待，尤其是市場沒行情的時候，更容易硬要交易，頻繁地買進賣出，因為心想空間不大，認為只要使出高超的交易技巧，就能在狹小的空間裡輕鬆取得獲利，但結局往往是弄巧成拙、不如人意。

　　如果一個盤從開盤到收盤都是同一個價位，漲跌幅約在 0.1%，你不更動部位、不主動交易通通沒事，但是你自以為用頻繁的交易可以獲取利益時，最後收盤往往是「多空雙巴（形容追高殺低，買進就跌，賣出後就漲，兩頭落空，彷彿被市場打了兩巴掌）」，平白增加更多的虧損。

　　其實，耐心等待也是交易中很重要的環節。我經常說：「不交易也是一種交易」，很多時候不輕舉妄動反而是最好的交易，這樣才有實力和底氣，在行情降臨的那天火力全開！

$ 不願意分散風險

　　第三個最常犯的錯誤，是將所有的雞蛋放在同一個籃子裡，不願意分散風險。投資市場有股票、期貨、海期、加密貨幣等各式各樣的標的和商品，很多投資人會認為自己最能掌握其中某一種，於是只交易這一種，但在一整年 12 個月的日子裡，無論你關注的標的或商品是什麼，絕對會遇到好幾個月沒行情的盤整時期。

　　換句話說，當你全心全力只交易一種標的或商品，換來的不僅是事倍功半，還會錯失良機。

　　而且，世界上沒有人能完全掌握一種金融商品。 在海期市場中，

有黃金、石油、指數、農產品、外匯等各種商品可以選擇。假如你把資金分散在不同商品上,當任何單一商品賠錢時,對整體部位的傷害將大幅縮小,能降低投資風險

　　相反地,假如你把資金 ALL IN(全部投入)單一商品,很常會發生「一筆單就畢業」這種一失足成千古恨的結局。

　　俗話說:「留得青山在,不怕沒柴燒。」如果你不想很快從市場上畢業,一定要避免上述的 3 種致命錯誤。

1-4 用均線三刀流做海期，以 60 分 K 為波段交易準則

　　經常有學員問我，做期貨交易時，均線應該設在 5 分 K、15 分 K，還是 60 分 K？其實答案很簡單，剛入門的投資新手可以先參考《海期刀神的 60 分 K 獲利術》，其中有豐富的均線基礎概念和常見用法。

　　在打好基礎之後，要學習進階的「均線三刀流」技法，這是刀神的秘密武器。本節中，我將說明自己操盤時會觀察的重要指標，以及如何實戰運用。

💲 均線三刀流技法的重要指標

　　移動平均線（Moving Average，MA）簡稱「均線」，代表過去某一段時間市場上的「平均成交價格」，也就是把過去一段時間內所有 K 棒的收盤價加總起來，算出平均值。

　　在實際運用上，最常見的 5 種參數設定分別是 5MA、10MA、20MA、60MA、240MA。均線經常用來判斷價格的支撐或壓力，而均線的斜率也是判斷支撐強弱的重要依據。

◎長均線與短均線的差異

　　均線依照設定的參數不同，基本上區分為「長均線」和「短均線」兩種類型，分別代表長期和短期的「平均成本」。

圖表1-11　長短均線產生兩種交叉

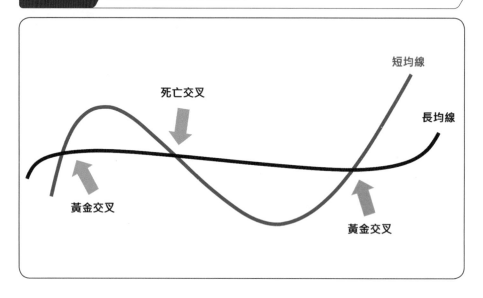

所謂平均成本，是指某一段期間內所有進場交易者的支撐區或壓力區，只要目前價格位於這條線之上，從技術面來看屬於多頭走勢，比如說，股價站上 20 日均線，代表近 20 天內的進場者成本都在均線之下（表明賺錢），這時候適合偏多操作，跟著趨勢走。

均線的週期越長，對價格的敏感度越差。因此，短均線特別活潑，對於價格波動的反應很大，幾乎每天都跟著盤勢上上下下，而長均線對於價格波動的反應比較小，其價格變化比較緩慢，這導致短均線經常來回穿梭在長均線的上方和下方，產生俗稱的「黃金交叉」或「死亡交叉」現象（見圖表 1-11）。

◎ 20MA、60MA、240MA 三條均線

依照不同均線的位階和排列組合，我們可以從技術面看出，現在是

圖表1-12　均線三刀流的 3 條均線簡介

三刀	說明
小藍	60 分 K 的 20MA ＝ 20T
小綠	60 分 K 的 60MA ＝ 60T，又稱綠巨人
小橘	60 分 K 的 240MA ＝ 240T，又稱大魔王

處於「多頭排列」還是「空頭排列」。

　　我在操盤時，是以「60 分 K」作為波段交易準則，不會參考其他週期的均線。由「60 分 K」延伸出 20MA、60MA、240MA 這三條均線，我將其稱為「均線三刀流」，而且為了方便好記，將這三條均線特別命名為小藍（20MA）、小綠（60MA）、小橘（240MA），見圖表 1-12、圖表 1-13。

💲 辨別市場多空環境是首要任務

　　在刀神的均線三刀流當中，辨別市場「多空環境」是首要任務，但假設今天空方環境成立，也不代表你一定要全力放空，因為辨別多空環境的意義主要在於，知道現在偏向哪一方做更有利。

圖表1-13 呈現均線三刀流的3條均線

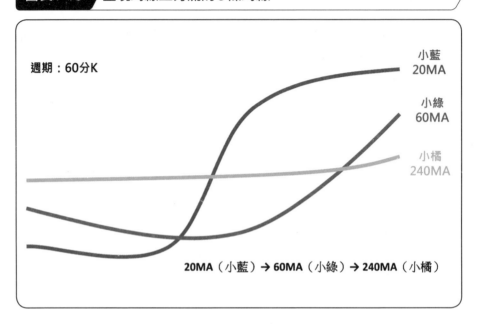

週期：60分K

小藍
20MA

小綠
60MA

小橘
240MA

20MA（小藍）→ 60MA（小綠）→ 240MA（小橘）

均線是判斷多空狀態的絕佳工具，基本技巧是先以60分K的小藍、小綠為主，從這兩條線是否呈現黃金交叉或死亡交叉，做初階判斷，再加入小橘進行進階判斷。

秘訣是多利用小藍與小綠的黃金交叉、死亡交叉，以及均線多空排列，來輔助做出判斷，有助於提升出手的準確度（見圖表1-14、圖表1-15、圖表1-16、圖表1-17）。

進行順勢交易時，在多頭排列（小藍＞小綠＞小橘）的狀態下，你應該早點做多，即便價格短期跌破小藍和小綠，只要小橘還沒有跌破，整體的多方結構就不會被破壞掉。

要注意的是，處於空頭排列（小橘＞小綠＞小藍）的狀態下，在價格還沒有站上小藍和小綠，尤其是小橘之前，千萬不要試著挑戰均線，

圖表1-14　多方環境（初階判斷）

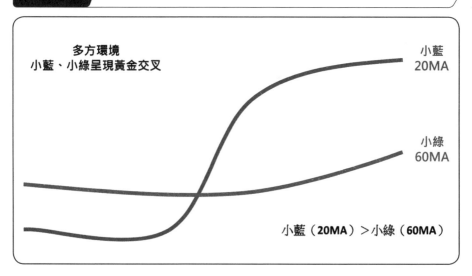

多方環境
小藍、小綠呈現黃金交叉

小藍
20MA

小綠
60MA

小藍（**20MA**）＞小綠（**60MA**）

圖表1-15　多頭排列（進階判斷）

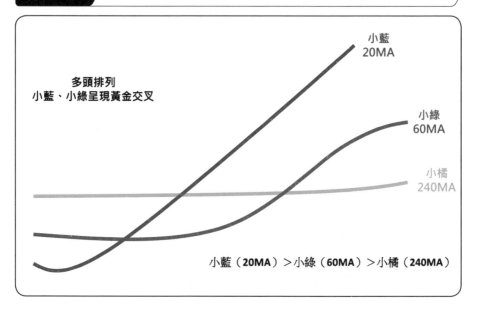

小藍
20MA

多頭排列
小藍、小綠呈現黃金交叉

小綠
60MA

小橘
240MA

小藍（**20MA**）＞小綠（**60MA**）＞小橘（**240MA**）

圖表1-16　空方環境（初階判斷）

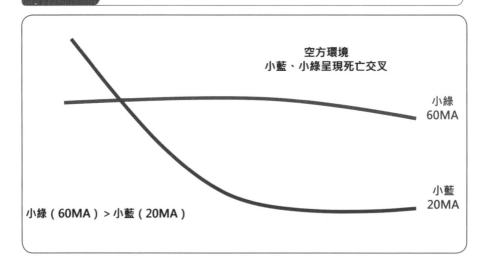

空方環境
小藍、小綠呈現死亡交叉

小綠
60MA

小藍
20MA

小綠（60MA）＞小藍（20MA）

圖表1-17　空頭排列（進階判斷）

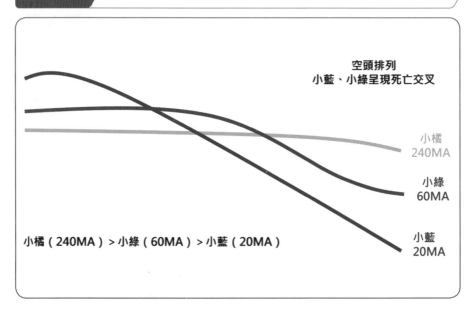

空頭排列
小藍、小綠呈現死亡交叉

小橘
240MA

小綠
60MA

小藍
20MA

小橘（240MA）＞小綠（60MA）＞小藍（20MA）

自以為價格會站回均線而進場做多，通常會受很重的傷。

◎刀神抄底進場的 2 原則

在實戰上，怎麼判斷是否抄底呢？當小藍、小綠、小橘三條線呈現空頭排列，且小藍位於最低點時，只要價格沒有站上小藍，就不要貿然進場抄底，否則是在冒著生命危險做交易。以下歸納「抄底進場的 2 個原則」：

1. 把小藍、小綠、小橘視為三個壓力。
2. 價格站上小藍，展開抄底第一波。

提醒大家，除非短時間又往上站回小橘，否則抄底單不宜續抱太久，需要特別留意。

🪙 斜率代表均線的趨勢方向

觀察均線時，最大的盲點是什麼？當價格落在 20MA、60MA、240MA 三條均線的中間，會讓不少人迷失方向，不知道該怎麼判斷才好。其實，你把三條線的輩分區分清楚，便能簡單地做出判斷。

以均線三刀流為例，小藍是小弟、小綠是二哥、小橘則是老大。我之所以說小橘是「大魔王」，主要是因為只要小橘仍然向上走且斜率為正，就可以視為多方環境，再做後續的判斷。反過來說也一樣，如果小橘往下走且斜率為負，則可以視為空方環境，切記不可積極做多。

均線是非常適合用來判斷趨勢的指標，而均線的週期是另一個關鍵。如果有人問你：「現在的趨勢是什麼？」你可以反問他：「你問的週期是什麼？」

假設我們今天操作的週期是 60 分 K，就要觀察 60 分 K 裡三條均

線的趨勢,如果三條均線的趨勢不一樣,該怎麼辦?舉例來說,小藍的正斜率趨勢往上,小綠的負斜率趨勢往下,這時候該做多還是該做空?

◎該做多或做空?要在線上交易!

對於上述的疑問,我的答案就是在線(均線)上交易。以下透過兩個情境加以說明。

【情境一】當價格跌深,並跌到正斜率的小橘(240MA)之上,請問現在應該做多還是做空?

答案:**偏多思考!**此時此刻主要觀察小橘,因為正斜率代表趨勢向上,即便價格正在下跌,只要仍在線上,就可以將小橘視為支撐。

【情境二】延續情境一,如果價格從小橘往上反彈,碰到負斜率的小綠(60MA),請問現在應該做多還是做空?

答案:**多單停利、小綠線上放空!**除非手上有多單成本,在小橘附近才可以續抱,否則只要在進場當下,發現上方仍有負斜率的小綠,就不可以再偏多操作。此時此刻主要觀察小綠,因為負斜率代表趨勢向下,即使價格從小橘往上反彈,只要小綠的斜率沒有翻正,便應該視為壓力,而偏空操作。

在判斷趨勢的時候,要同時觀察均線和週期。原則上,趨勢與你交易的那一條均線(週期)有關係,但沒有標準答案。不過,判斷方式在每一種週期都適用,舉例來說,我判斷日 K 線趨勢會用 5 日均線,若是正斜率,基本上就偏多操作。

「斜率」代表這條均線的趨勢方向,正斜率表示均線趨勢為多頭,負斜率則表示均線趨勢為空頭。相信你聽過「覆巢之下無完卵」,跟著大家做同樣的方向比較容易贏。

　　切記！要在線上的點位交易，而不是在三條線的中間隨便找點位亂做（我稱之為「在空氣中交易」），一旦沒有支撐也沒有壓力可以參考，就會找不到交易方向。

　　當小藍與小綠呈現黃金交叉，且兩條均線皆為正斜率時，通常會有一個回測，而這個回測很可能是在嚇唬經驗不夠的人。此時可以嘗試這樣做：當價格回測小綠就做多，或是背另一個口訣「過踩多」，等價格先突破小綠後再回測小綠時再做多。

　　均線三刀流的實戰應用上，在多方環境找多方趨勢的均線做多，在空方環境找空方趨勢的均線做空。本書整理出三個表格（見圖表 1-18、圖表 1-19、圖表 1-20），各位記住其中的口訣和重點會更方便應用。

圖表1-18	均線三刀流的實戰應用：做多與做空

多方環境 多頭排列	• 找多方趨勢的均線做多。 • 價格回測到小綠或小橘→做多（這樣最安全）

口訣：藍綠黃金交叉，回測小綠不破做多

空方環境 空頭排列	• 找空方趨勢的均線做空。 • 價格反彈到小綠→做空（這樣最安全）

口訣：藍綠死亡交叉，反彈小綠不過做空

圖表1-19 均線三刀流的實戰應用：不破的真義

什麼是不破？

不破不代表價格沒破！

1. 破了再收上都算不破
2. 破與不破以收定為準

- 刀神交易時習慣用 60 分 K，一定要等 K 棒走完收定，才能判斷是否跌破。

- 假設盤中跌破，但 60 分鐘 K 棒走完後收下影線，就不算跌破，所以在 K 棒沒走完的當下做出判斷，很容易失準。

圖表1-20 均線三刀流的實戰應用：避免判斷錯誤

如何避免
判斷錯誤？

- 假設先前已確認，小藍與小綠呈現黃金交叉。

- 價格回測稍微跌破小藍或小綠時，不要急著放空，因為目前是均線黃金交叉的格局，將下跌先當作回測。若回測不破，反而是好買點。

- 刀神常說：「急殺沒什麼好緊張。」當價格急殺回測小橘或小綠，通常是好買點。

- 很多人遇到急殺會恐慌，不只錯過買點還反手放空，就是因為沒有冷靜下來，確認目前的趨勢是多頭還是空頭。應該先判斷大方向再做交易。

$ 遵守交易紀律，跟著趨勢走

我每週交易的商品多達 10 種以上，都是運用均線三刀流的技法，單筆獲利超過 1 萬美元的交易不在少數。

有很多學員問我，這個單怎麼抱？那個單怎麼做？買點在哪裡？賣點在哪裡？其實，這些問題都問錯了！

為什麼這麼說呢？因為我永遠不知道自己每一筆單會續抱多久，連什麼時候下車也不曉得，單純就是遵守交易紀律，跟著趨勢走，然後等市場給答案。

很多人在進行交易時，都會自以為知道壓力或支撐在哪裡，最後莫名其妙地提早下車，甚至選擇在多方環境下放空。明明可以賺到一筆大行情，卻因為這樣的自負，而做錯方向或引爆鉅額虧損。

刀神的均線三刀流總是強調：斜率不變、交易不變，就是這麼簡單！

短線上的價格大漲再回殺，並不會改變均線的斜率，所以不要因為一次的急殺，而自己嚇自己，把所有可以抱波段大賺的單子全部出清。這是我交易十多年來的心路歷程和建議，保守謙虛一點，市場永遠不會虧待你。

重點整理

☑ 了解海期交易的合約規格時，得注意交易所與商品（代碼）、最小跳動值、交易時間，以及漲跌幅規則。海期交易的保證金是依據「海外期貨交易所」和「商品類別」兩種方式來區分。

☑ 海期交易的商品非常多元，基本上分為五大類：指數、貴金屬、農產品、外匯期貨、能源。台灣2021年開放海期微型商品交易，小資族能用幾乎等於「小台」的保證金，參與海期行情。

☑ 海期投資人常犯的致命錯誤有三個：交易口數不固定、沒行情硬要交易，以及不願意分散風險。

☑ 均線三刀流的3位主角，包括60分K的小藍（20MA）、小綠（60MA，又稱綠巨人），以及小橘（240MA，又叫做大魔王）。

☑ 刀神抄底進場有2個原則：一是把小藍、小綠、小橘視為三個壓力；二是當價格站上小藍就展開第一波的抄底。

☑ 均線三刀流的運用，是在多方環境找多方趨勢的均線做多，在空方環境找空方趨勢的均線做空。主要口訣是：藍綠黃金交叉，回測小綠不破做多；藍綠死亡交叉，反彈小綠不過做空。

NOTE   /   /   /

第2章

掌握4大策略和7種形態，
瞄準買賣點拉高勝率

2-1
善用4種順勢與逆勢的交易策略，不論漲跌都能賺

很多人都好奇，我到底是如何制定自己的交易計畫？參與投資市場的最終目標無非是獲利，為了在不同的價格走勢、形態變化之下擴大勝率，我們必須制定相對應的「交易策略」來因應。

在實戰操作上，我最常用的交易策略總共有四種，分別是：順勢對稱策略、順勢支撐策略、逆勢乖離策略，以及逆勢背離策略

這四種策略既可以順勢又能逆勢，面對不同的盤面都有一定勝率基礎，關鍵在於使用者對大方向（趨勢）的判斷是否足夠準確。接下來，分別說明這四種交易策略。

🪙 策略1：順勢對稱

一般來說，「順勢而為」做交易比較容易獲利，因此首先介紹「順勢對稱策略」。在此分享一個投資觀念：所有的順勢交易都是以站上重要均線為前提。

見圖表2-1，以我個人常用的小綠（60MA）為例，當價格上漲突破且站上小綠，呈現漲勢的「初升段」時，價格會進入橫盤整理一段時間，我們可以開始尋找交易機會。

大多數投資人不可能在價格的初升段發動之前，就進場佈局，除非他能看透主力動向，或是提早拿到內線消息，則另當別論。

順勢對稱策略的說明

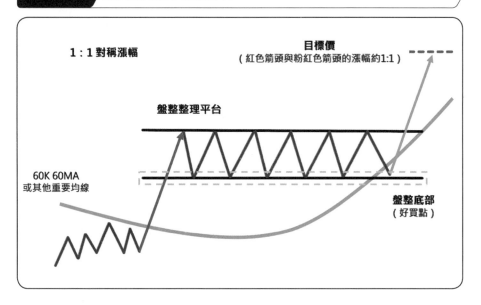

一般投資人通常是先看到初升段之後，才去找「第二段」的機會。為什麼確定會有第一段？以順勢對稱策略來說，當初升段走完，在橫盤過程中，如果沒有跌破重要均線，就會抓 1 比 1 的比例作為目標漲幅，而且每一次價格碰觸到重要均線都是買點（見圖表 2-2）。

其實，順勢對稱策略不僅適用於漲勢，同樣的邏輯也可以反過來應用在跌勢上，以圖表 2-3 為例，這是某一段時間小那斯達克指數在下跌過程中出現的反彈，此時千萬不能擅自認定跌勢已經結束，只要價格沒有站回重要均線，經過盤整之後，都有可能產生 1 比 1 的等比跌幅，因此每一次的反彈都適合找空點，而不是做多。

很多投資朋友經常會問：「如何空在最高點，買在最低點？」老實說，如果你無法事先知道主力的動作，這就是不可能的任務！

我自己習慣的做法是：當下跌一段，先確認下跌，再做第二段下跌

圖表2-2　順勢對稱策略的步驟

第一段（初升段）	由於你我都不是主力，沒有機會提前進場，因此不多做討論。
橫盤整理	過程中每一次價格回測重要均線，都是好買點。
第二段	確認初升段之後進場，抓 1 比 1 等比漲幅作為目標價。

圖表2-3　小那斯達克在下跌過程中反彈

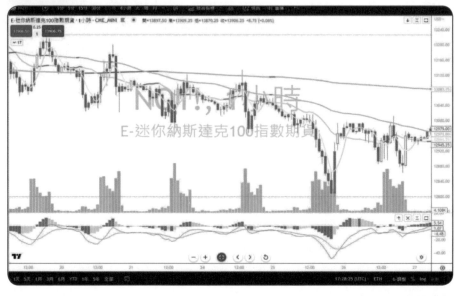

取自 TradingView 看盤系統截圖

的放空操作。相對地，當上漲一段，先確認上漲，再做第二段上漲的多方操作。這才是順勢對稱策略的正確做法。

🄢 策略 2：順勢支撐

「支撐有撐，繼續上漲機率高。」既然是順勢而為，我們要相信它會不斷重複相同的走勢。

在一整段漲勢中，價格並非不會下跌，而是在突破前高之後，通常會先回測前高，然後在前高附近進入橫盤整理，我將這段過程稱為「支撐有守、壓力必過」。

基於這個概念，每一次突破前高的回測無論出現幾次，在前高被突破後的回測都一定要買進，因為你已經擬定「順勢支撐」的策略（見圖表 2-4）。

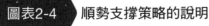

圖表2-4　順勢支撐策略的說明

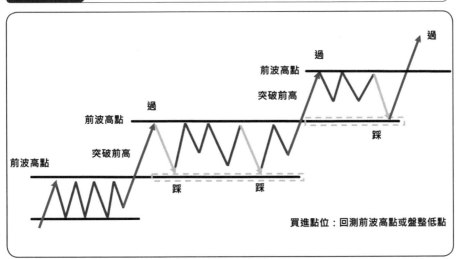

圖表2-5　小那斯達克回測守住前高形成支撐

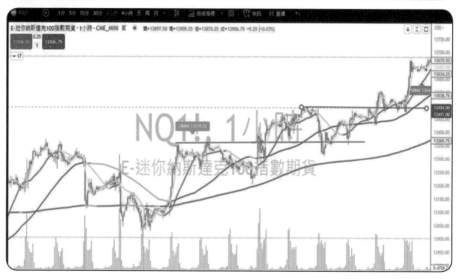

取自 TradingView 看盤系統截圖

接下來，就是一路回測買、回測買，只要前高守住沒有破，不要任意改變策略。不要每一次突破高點後，才稍微出現幾次下跌，便以為要崩盤而亂賣。如果抱持「一下看多、一下看空」的心態，很難在市場上賺到錢。

如同圖表 2-4 呈現的階梯式上漲形態，多頭行情就是不斷重複突破前高、回測前高，再創新高的走勢。因此，**每一次回測前波高點或盤整區間低點，都是應該進場的點位。**

見圖表 2-5，觀察小那斯達克指數的走勢，它在上漲過程中的每一次回測，都會守住前波高點並形成支撐，多次下來自然演變成大多頭的格局。投資人只要擬定順勢支撐的策略，就不用每天關注小行情，每次回測前高有守住便繼續抱，基本上不必擔心過度交易的問題。

圖表2-6　順勢支撐策略的說明

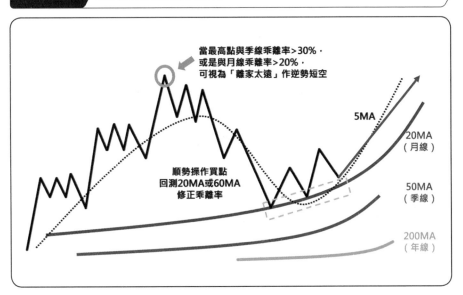

當最高點與季線乖離率>30%，
或是與月線乖離率>20%，
可視為「離家太遠」作逆勢短空

5MA

20MA
（月線）

順勢操作買點
回測20MA或60MA
修正乖離率

50MA
（季線）

200MA
（年線）

策略 3：逆勢乖離

　　在技術分析中，乖離率（Bias Ratio，BIAS）是相當重要的指標，代表價格與均線之間的距離，用來判斷現在的價格是否過度偏離或靠近均線，也可以視為某一段時間進場交易者的平均報酬率。

　　如果只知道乖離率的定義，卻不會加以利用，對實戰操作是沒有任何幫助的。那麼，在面對一波漲勢時，該怎麼定義漲幅多少才算是「漲太高」，又該如何進行逆勢交易？

　　各位可以先看圖表 2-6，了解逆勢乖離策略的概念，再根據圖表 2-7的重點整理，就能及時執行逆勢短空、停利，回補空單的操作。

　　圖表 2-8 是 S&P 500 日線圖，可以看到 S&P 500 在 2018 年有兩次上漲，與季線乖離率達 30% 以上，出現「離家太遠」的形態。 儘管這

圖表2-7	逆勢乖離策略的操作技巧
漲太高→ 逆勢放空	• 刀神定義「漲太高」： 　（1）最高點與季線乖離率 >30% 　（2）最高點與月線乖離率 >20% • 這兩種情況可視為「離家太遠」，此時應該做逆勢放空佈局，直到價格「回到家」再停利。 • 家＝日K月線或日K季線
執行 逆勢短空 操作後	• 留意恢復多方趨勢的條件： 　（1）回測月線或季線有守 　（2）價格站上5日均線 • 若同時符合這兩個條件，基本上價格會恢復原來的多方趨勢。 • 依據乖離策略逆勢放空的單，此時務必回補。

圖表2-8	S&P 500的上漲與季線乖離率達30%

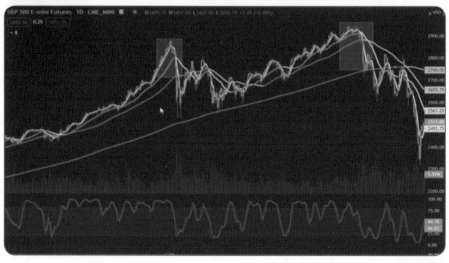

取自 TradingView 看盤系統截圖

種高點看似很強，但絕對不是該做多的位置，只要出現一根吞噬黑 K，都可能引發崩盤。

$ 策略4：逆勢背離

首先，要了解「背離」的意思是什麼？在價格一路下跌的過程中，我們很容易發現，在某一天或某一小時價格創新低的同時，KD 指標卻沒有破底。這種情況通常發生在第二次下跌非常快速的時候，雖然快速下跌會使得價格破新低，但跌得太快導致 KD 還沒有破前低，容易造成背離現象。

第一種是「正背離」，又稱作「底背離」，經常發生在快速下跌的第二波跌勢，特徵是價格破新低、KD 指標不破前低（見圖表 2-9）。其實，我個人不喜歡「底背離」的稱呼，因為背離不代表價格已經到了底部，只是短線上有較高的機率會出現反彈。

那麼，什麼時候是安全買點？對此有個重要提醒：「**即便有逆勢的背離策略，也不會買在最低點**」。在實戰操作上，重點是反彈必須過末跌高，意思是最後一段下跌必須漲過後再回測前高（運用順勢策略的觀念），必須漲過末跌高，且在橫盤整理區回測前高皆不破，才算是安全買點。

我會買在過末跌高、再回測不破的位置，即使它是背離。交易守則就是不要太常摸底或摸頭，盡量等價格已經走過一段，正式確認漲勢或跌勢後再買。

第二種是「負背離」，又稱作「頂背離」，是指漲過一段後拉回再創新高，意思是在短時間內快速創新高，特徵是價格創新高、KD 指標卻沒有創高（見圖表 2-10）。我個人喜歡「負背離」的稱呼，因為代表短線上要拉回，不代表目前的價格就是最高點。

那麼，哪裡是適合放空的位置？操作的道理與正背離相同，不會空

圖表2-9　正背離的交易重點

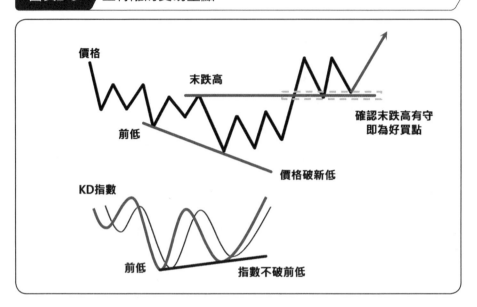

圖表2-10　負背離的交易重點

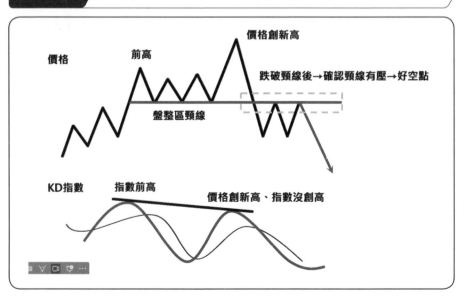

在第二次的最高點，而是等待拉回後與第一次高點形成頸線再判斷。重點是跌破頸線後確認頸線有壓力，就是好空點。也就是說，當你發現價格在盤整區間裡，永遠無法站上頸線，代表壓力已經形成，此時才適合嘗試放空，而不是在最高點。

無論是正背離或負背離，都不會在最高點進行交易。所謂最高點，只是讓我們確認第一波漲勢或跌勢的參考，真正的戰場在第二波。

最後，將四大交易策略守則整理成圖表 2-11，希望對大家的交易有所幫助。每一次進場之前先擬定大方向，才比較能進行週期較長的波段交易，而且面對順勢或逆勢都要有相對應的方針，反覆練習活用後，勝率自然會明顯提升。

圖表2-11	4大交易策略守則

順勢	
順勢對稱策略 順勢支撐策略	● 可以早一點進場。 ● 因為順勢更容易獲利。

逆勢	
逆勢背離策略 逆勢乖離策略	● 不建議太早進場。 ● 因為逆勢風險會更大（連刀神也很少做）。

2-2 【買點】看懂4種抄底形態：末跌高、90度急跌……

　　本節要讓讀者認識用於「判別多空」的各種形態。不論你是做盤中當沖、短線、波段或長線，只要對形態足夠熟悉，在不同週期中都能加以應用，來判斷當下應該做多還是做空。以下針對適合「找買點」的形態，逐一介紹和說明。

💲 抄底形態1：三顧茅廬

　　首先介紹「三顧茅廬」這個抄底形態（見圖表2-12），它為什麼叫做「三顧茅廬」？主要是因為呈現K棒黏著均線走。這個形態有三個特徵：一是均線負斜率，二是K棒黏著均線走，三是如果第一次挑戰站回均線失敗後，仍在均線附近徘徊不走，代表接下來突破的機率高。

　　其實，當指數或商品價格從跌深低點往上突破時，一定會遇到負斜率的均線。正常的狀況下，反彈第一次碰到負斜率均線都會被壓回，如果此時空方力道很強，就不應該只是壓回一點點，既然是反彈，代表有多方進場。

　　如果在一個負斜率形態，價格壓回的過程並未壓回太多，而是讓價格一直黏著負斜率均線，便是適合等待抄底機會的形態，但通常要挑戰三次以上才會過。

　　由於均線為負斜率會一直往下走，所以多方只要維持在固定位置，

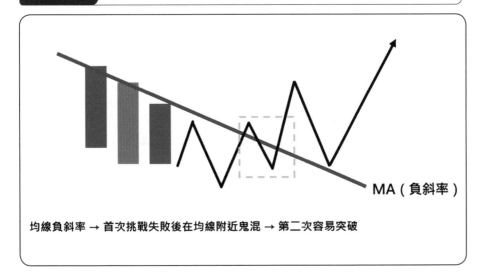

圖表2-12　三顧茅廬形態示意圖

MA（負斜率）

均線負斜率 → 首次挑戰失敗後在均線附近鬼混 → 第二次容易突破

甚至順著負斜率均線慢慢下滑，等到後期空方力道減弱，價格只要稍微上漲，就很容易突破均線。

　　面對這樣的形態，實戰操作技巧是「觸價成交多單」。也就是說，當價格剛反彈時，我們畢竟不是主力，無法做到第一筆單，可是在確認抄底形態成立時，其實可以做一個大膽的嘗試，那就是預掛「觸價成交」的多單，只要價格一突破負斜率均線就成交，建立第一筆抄底多單的獲利部位。

💲 抄底形態 2：頭肩底

　　「頭肩底」這個抄底形態（見圖表 2-13）有幾個特徵，首先觀察左肩，右肩的低點不低於左肩，整個形態當中，最低點也是最後防守點，震盪區則是進場的好買點。

圖表2-13　頭肩底形態示意圖

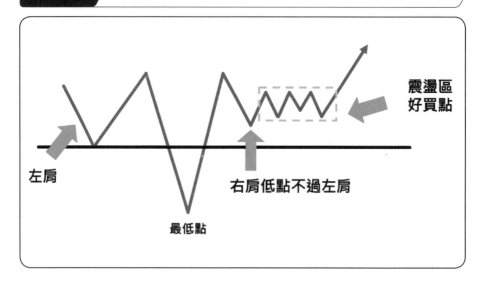

那麼，第一波的反彈要追嗎？當價格往下殺的時候，忽然剎車並出現第一波反彈，千萬不要去搶！

原因有兩個，第一個是要確認壓力，在下跌趨勢中的逆勢單必定會有壓力，因此要從遇到壓力後再往下殺的這段過程，來判斷第二波殺盤力道會不會更強。第二個是要等待好的形態，當右肩低點不過左肩時再進場。

什麼時候可以抄底呢？關鍵在於要確認形態確實成形再進場，而不是在第一階段便貿然進場。很多人看到價格急殺，只要發現出量反彈就馬上出手，其實這樣做非常危險，因為根本還不曉得這個形態適不適合抄底。

提醒各位，抄底是一種危險的操作，不要買在最低點，也不要買在左肩，因為這樣做未必會成功，一定要看到好的形態再進場。

以下，我將「頭肩底確認抄底的步驟」整理成圖表 2-14，作為實

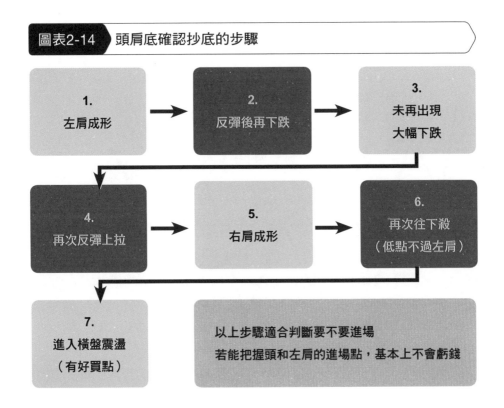

圖表2-14　頭肩底確認抄底的步驟

1.
左肩成形

→

2.
反彈後再下跌

→

3.
未再出現
大幅下跌

4.
再次反彈上拉

→

5.
右肩成形

→

6.
再次往下殺
（低點不過左肩）

7.
進入橫盤震盪
（有好買點）

以上步驟適合判斷要不要進場
若能把握頭和左肩的進場點，基本上不會虧錢

戰操作時的參考。

💲 抄底形態 3：末跌高

　　「末跌高」這個抄底形態（見圖表 2-15），類似頭肩底形態，不過是結合兩種方法：在下跌過程中會有一條下降趨勢線，按道理說，每一次價格反彈都不會突破這條下降趨勢線，但當價格跌到某一個重要點位時，忽然出量上漲，不僅突破下降趨勢線，也連帶突破末跌高。

　　所謂的「末跌高」是什麼？每一個下跌的高點都等於是頭，如果要判斷哪裡是末跌，必須等到價格越過前一個頭才會知道。因為後面的價

圖表2-15　末跌高形態示意圖

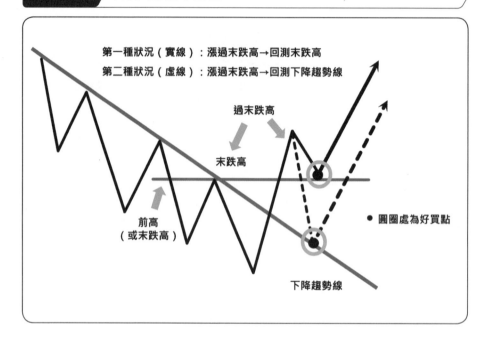

格反彈力道高過於前一段的高點,導致原來的高點已不再是高點,因此稱為「末跌高」。

具體來說,末跌高有常見兩種走法,一種是價格漲過末跌高之後,再回測末跌高,另一種是漲過末跌高之後,再回測下降趨勢線。

在實戰操作上,價格漲過末跌高後,通常會回測末跌高,如果價格比較強勢,可以參考圖表2-15的圓圈處為第一個買點。

如果漲過末跌高之後,又回測下降趨勢線,也就是回測點不只回測前面的末跌高,還回測下降趨勢線,那麼雖然買點比較低,但只要回測下降趨勢線,而且「過、踩、多」的原則沒有被打破,圖表2-15的圓圈處為第二個買點。

圖表2-16 90度急跌形態示意圖

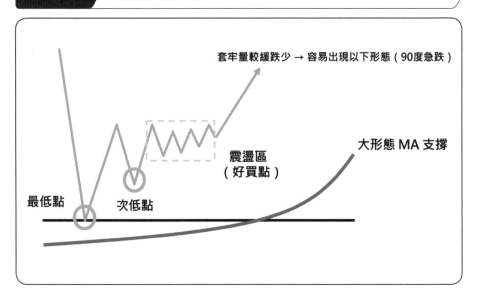

套牢量較緩跌少 → 容易出現以下形態（90度急跌）

大形態 MA 支撐

震盪區
（好買點）

最低點

次低點

抄底形態 4：90 度急跌

「90 度急跌」這個抄底形態（見圖表 2-16），基本上屬於臨時狀況，而且角度越陡，出現的機率越高。當第一波急殺結束，下方最好有一個大形態均線支撐，而出量點的位置通常也會是均線的支撐。看到第一波出量反彈先不要搶，因為價格通常要先回測。當第二波急殺時，次低點未跌破出量低點，加上此時並非熱門交易時段，成交量小且容易反轉。

因此，要確認最低和次低都已經完成，再趁著價格震盪時，參考圖表 2-16 中標示的位置買進，後續通常會有一個波段的反彈。

什麼時候會發生急跌？急跌通常出現在電子盤（美股是晚上 9 點半開盤以前，亞洲則是早上 6 點至 8 點）。電子盤是最少人交易的時段，亞洲人還沒起床，歐洲人還沒進場，美國人正在睡覺，此時若有一波急跌，請問交易量會多嗎？答案是不多！所以，容易發生像 90 度這種角

度陡峭的急殺，而且馬上接續出量反彈。

在 90 度急跌的反轉難易度方面，若成交量小，越容易出現反轉；若成交量大，越難出現反轉。

我建議從短開始做。有時候，做當沖或短線看到的「短趨勢」，若形態夠完美，會有很高的機率延續為「波段趨勢」。因此，反覆練習從短開始做，就不怕錯過大小趨勢。

以上四種形態，都適合用在極短線交易上尋找抄底機會。但要切記這些形態都是逆勢的，如果你沒有看到條件完全符合的形態，千萬不要隨便進場或是做任何嘗試，而要堅持只做勝率高、有把握的交易，長期下來才會成為贏家。

2-3

【賣點】辨別３種摸頭形態：負斜率均線反彈未過高……

　　上一節解說四種「抄底」形態，本節將說明「摸頭」形態的交易策略。所謂抄底或摸頭，在極短線上都屬於逆勢交易。無論在盤中即時走勢，或是 5 分 K、15 分 K、30 分 K、60 分 K，只要形態符合，基本上都可以嘗試，都是期望值相對高的操作。

　　如何確認形態是短期或長期？這取決於你用什麼「週期」進行這筆交易。舉例來說，看 5 分 K 摸頭，交易時間當然很短，可能只用 10 分鐘便完成買賣，而看 60 分 K 摸頭，這筆交易也許花費半天，甚至 6 小時以上都有可能。

💲 摸頭形態1：負斜率均線反彈未過高

　　首先為各位介紹「負斜率均線反彈未過高」這種摸頭形態（見圖表 2-17），也就是負斜率均線下第二次反彈未過高的形態，主要呈現「當價格試著反彈，第一次挑戰負斜率均線後失敗，且大幅度往下跌」的特徵，如果第二次再挑戰負斜率均線，則容易失敗。

　　抄底形態與摸頭形態有何不同？它們的價格都是從下方往上反彈，最大的差異在於價格反彈至均線後的狀況。怎麼判斷會不會過均線？要觀察價格接觸均線後的反應。

　　舉例來說，三顧茅廬這個抄底形態容易突破負斜率均線，第一次挑

圖表2-17　負斜率均線反彈未過高形態示意圖

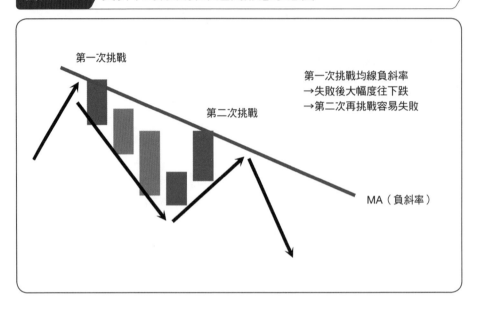

戰負斜率均線失敗之後，仍在附近徘徊，只要價格持續沿著均線走，這波反彈有更高機率向上突破均線。相對地，摸頭形態第一次挑戰負斜率均線失敗之後，若價格大幅下跌且偏離均線，則第二次再挑戰均線就不容易成功。

　　摸頭形態有個要件是「快速拉回」，具體來說，當價格第一次向上反彈碰到均線後快速拉回，代表有一股力量（賣壓）在往下打壓價格。快速拉回之後，通常會有第二次回測高點，若價格再觸碰到均線卻還是挑戰失敗，則價格很可能再往下走。

　　負斜率均線的特色是每過一段時間，價格會越來越低。如果第一次挑戰均線沒過、第二次回測高點又沒過，此時價格已經遠離第一次挑戰均線的位置，不太可能站回前高，表示下車的人並不後悔，導致價格越反彈越低。

圖表2-18	急拉急跌造成 KD 背離形態示意

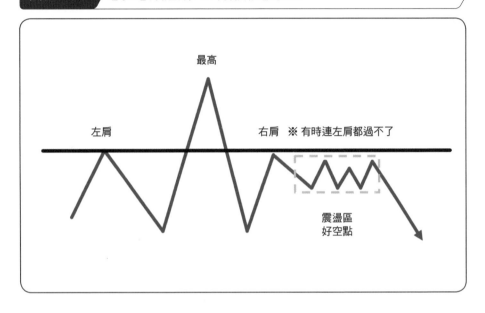

究竟什麼時候該摸頭呢？答案是「**在第二個高點出現的時候**」。也就是說，在第一次挑戰負斜率均線失敗，往下大跌之後，只要再挑戰第二次，就適合「**多出反空**」摸頭，意思是把手上多單賣掉、轉手放空。

但必須注意，要空在第二次的高點，而不是第一次的高點。你只要配合負斜率均線趨勢，這種摸頭操作通常容易空在當日的相對高點。

💲 摸頭形態 2：急拉急跌造成 KD 背離

「急拉急跌造成 KD 背離」這種摸頭形態（見圖表 2-18），基本上有幾個特徵：價格在上漲過程中，碰到空方賣壓導致壓回（形成左肩），接著價格又忽然上漲且突破前高，但突破前高後，因為 KD 背離導致價格再度壓回，而價格壓回後，再往上挑戰漲回左肩附近（形成右肩）。

此時如果右肩未過左肩，適合趁價格震盪時放空，是個好的進場點。

什麼情況容易導致 KD 負背離？要留意的是，通常會配合頭肩底形態，且遠看像一座三指山。一般投資人習慣將突破前高視為多頭走勢的前兆，其實這不一定。頭肩底這種價格急速創新高的形態，KD 值通常是尚未過前高，因此稱為「負背離」，容易導致價格又快速回落。

另一個重點是觀察右肩與左肩的特徵。只要右肩不過左肩和頭部，表示空方力道強勁（容易下跌），要趁價格震盪抓空點。在頭肩底形態裡，右肩通常是弱勢方，因此最後一次反彈往往比左肩還低，這同時也代表「前面左肩做多、頭部做多的人都虧錢」。如果右肩未過左肩和頭部，表示空方力道更強，下跌機率較高，適合在價格震盪時摸頭抓空點。

💲 摸頭形態 3：90 度急漲

「90 度急漲」這種摸頭形態（見圖表 2-19），完全是抄底形態的相反，基本上具有以下兩個特徵：一是價格呈現 90 度急拉上漲，達到最高點可視為防守點；二是快速回跌之後，再漲到次高點。這時候，可以趁著盤整區間進場放空。

什麼時候容易發生急漲急跌？答案是亞洲早上 6 點至 8 點，因為這時候極少人交易美股電子盤，很容易發生急漲或急跌的狀況，任何的價格變化多半都是假象，因此不適合順勢交易。

在實戰中，當發覺到盤勢 90 度急拉時，要在相對高點摸頭放空！為什麼有把握這麼做呢？

根據我多年的交易經驗，早上 6 點至 8 點出現 90 度急拉形態，由於距離晚上美股開盤至少還有 12 小時，你在這種相對高點位置放空下去，盤中或接下來的 10 小時幾乎都有機會遇到指數下跌，讓你可以找到機會回補空單。

因此，可以歸納出電子盤冷門時段的戰法：當盤中出現 90 度急漲

圖表2-19　90度急漲形態示意圖

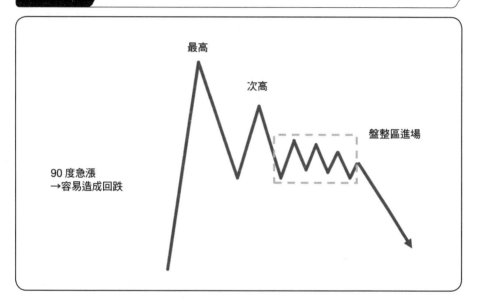

時，要抓「次高」摸頭，而發覺盤中出現 90 度急跌時，則要抓「次低」抄底。

　　到目前為止，我總共介紹三顧茅廬、頭肩底、末跌高、90 度急跌這四種抄底形態，以及負斜率均線反彈未過高、急拉急跌造成 KD 背離、90 度急漲這三種摸頭形態。

　　由於我日常交易的商品非常多，因此除了最核心的均線理論之外，我也投入大量時間，練習從形態找進場點、抓低點，並且測高點。上述這七種抄底和摸頭形態，是我交易多年以來的經驗總結，希望有助於各位讀者判斷進出場點。

2-4 不想追空追到地板上，要熟悉 3 招背離技巧

回顧 2022 年，台股創造歷史新高之後，出現戲劇化的反轉，從 1 萬 8 千點一路下探到 1 萬 2 千點，即便國安基金宣佈進場，仍無法讓盤勢止跌。這段期間，常有放空獲利的投資人問我：「現在指數已經跌到很低了，我還可以加碼空單追空嗎？」

事實上，追空是一種順勢交易，代表你前面放空已經看對方向，認為後面還會持續下跌，因此在帳上已獲利的前提下，持續加碼空單。然而，追空就怕你追在「地板」上，空下去結果遇到反彈，不只沒放大獲利，還可能徒增虧損。

因此，在什麼狀況下不能追空呢？最常見的是「KD 正背離」，原因是當價格已經創新低，KD 指標卻還未創新低時，很有可能是可以買進的相對低點，不建議再追空。

接下來，介紹三大背離及其操作技巧，包括：成交量與價格背離、震盪指標與價格背離，以及斜率與價格背離。其中，我想絕大多數人都沒有聽過「斜率與價格背離」。

💲 成交量與價格背離

量價背離原則上具備兩種特性：一是當價格創新高，成交量卻明顯萎縮；二是當價格破底，成交量卻明顯萎縮。在進行交易時，成交量扮

演的角色如同汽車的汽油，可以帶動股價上漲或下跌。

也就是說，市場不論上漲或下跌都需要成交量，就像汽車需要汽油一樣，當價格（汽車）往前衝刺時，如果成交量（汽油）不斷萎縮，這段旅程注定走不長久。因此，我們可以把成交量視為動能，當趨勢持續進展，成交量卻與波動不成比例時，可能是趨勢反轉的徵兆。

◎價漲量增，價跌一定量縮？

許多人抱持著一種錯誤觀念：「價漲量增、價跌量縮」。其實這樣想只對了一半。各位可以思考一下，價格上漲一定要量增，但下跌一定要量縮嗎？事實上，如果下跌沒有「量」也跌不下去。常有人說「量小空、空餘恨」，就是這個道理，當價格不斷下跌，成交量必須增加或維持原本的水位，才有繼續往下跌的動能。

該如何判斷空頭走勢是否結束？當價格不斷下跌，成交量卻持續萎縮時，容易形成量價背離，而通常在空頭走勢的最低點，成交量會是最高點的二分之一，所以可以將這個現象視為空頭走勢的末端。

⑤ 震盪指標與價格背離

指標背離是指，當價格「第二次」創高或破底，震盪指標出現「第二次」黃金交叉或死亡交叉。常見的震盪指標包括了 KD、RSI，以及 MACD。如果某個商品的這三個指標，同時出現正背離或負背離現象，要特別留意是否應進場佈局。

出現正背離（底背離），就是價格創低，震盪指標尚未創低，代表價格有相當高的機率出現反彈，但不一定是回升，因此不可以視為最低點。另外，為什麼取名為「正背離」呢？就是叫你不要再「空」了！

出現負背離（頂背離），就是價格創高，震盪指標尚未創高，代表價格有很高的機率進行修正，但不一定是最高點，可能修正之後再往上

| 圖表2-20 | KD背離案例：小那斯達克60分K |

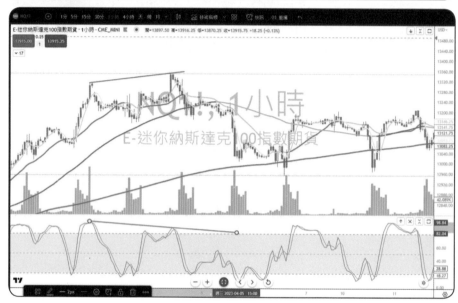

漲也不一定。

大家不妨思考一下，將「正背離、負背離」稱為「底背離、頂背離」，真的好嗎？我不太喜歡「底背離、頂背離」的說法，原因是在正背離、負背離出現的當下，價格不一定是在頂或底。這種說法只是告訴你這個位置有可能反轉，不代表絕對高點或絕對低點。用頂或底來當名詞很容易造成誤會，因此我比較習慣用「正背離、負背離」來稱呼。

接下來，透過小那斯達克的 60 分 K，看看 KD 背離的案例（見圖表 2-20）。從圖中可以看出，價格已經創新高，但 KD 未再創高，也就是呈現負背離的形態，價格則是拉回修正。

然後，在圖表 2-21，觀察到 MACD 背離，顯示價格已經創新高。但 MACD 未再創高，呈現出負背離的形態，價格同樣是拉回修正。

圖表2-21　MACD背離案例：小道瓊60分K

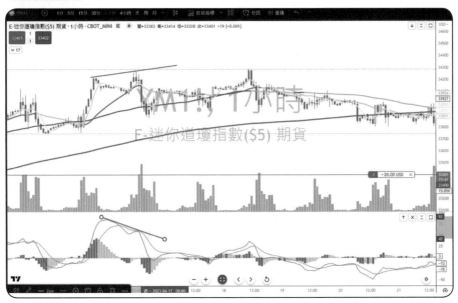

取自 TradingView 看盤系統截圖

圖表2-22　RSI背離案例：輕原油60分K

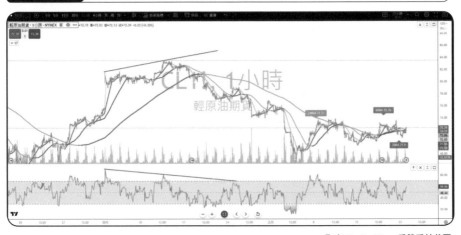

取自 TradingView 看盤系統截圖

最後，看看 RSI 背離的案例。圖表 2-22 顯示價格已創新高，但 RSI 未再創高，呈現出負背離的形態，價格也是拉回修正。

在此提醒各位，背離並不是用來做波段的。在過熱的價格經過修正結束之後，要回歸到均線（原來的趨勢）來做判斷。另外，我想特別強調：所有的背離在價格出現修正之後，就不存在了！

因此，必須觀察原來的趨勢來擬定投資策略，不能因為出現負背離就一路放空，或是看到正背離就加碼多單。千萬記得「背離不是用來做波段的」，一旦看到價格出現反轉修正，先停手觀望。

斜率與價格背離

斜率與價格背離，是刀神最常參考的指標。背離永遠是逆勢的，所有的順勢都是從逆勢開始（也就是出現價格轉折）。在實戰操作上，順勢交易適合抱波段，而逆勢交易只可以做短單。

首先，必須釐清什麼叫做「背離」？簡單來說，就是漲太多或跌太深，代表價格需要修正。

當價格漲太多時，趨勢為多，若出現負背離和震盪指標背離（KD 背離、MACD 背離、RSI 背離），代表價格過熱，適合趁早出場或放空，屬於逆勢交易。相對地，當價格跌太深時，趨勢為空，若出現正背離，代表價格可能出現反轉，適合低點做多，因此仍然屬於逆勢交易。

有些投資人感到好奇，難道出現背離一定要交易嗎？我建議各位讀者：看到背離不見得要做！如果你的順勢單已經賺一大段，千萬不要為了背離而下車，這樣做是沒有意義的，因為順勢往往比逆勢更好賺。

◎均線斜率有重要意義

接下來，我補充說明「斜率」是什麼？斜率代表一條線的斜度。在數學定義上，直線的斜率在任何一處都相等，是直線傾斜程度的量度。

在交易上，均線的斜率代表均線趨勢的強度，市場追價的意願。

　　如何判斷正斜率和負斜率？以日線的 5 日均線（5MA）為例，如果明天的 5MA 大於今天的 5MA，後天的 5MA 又大於明天的 5MA，表示 5MA 的價格正在逐漸上升，代表均線的斜率為正。相對地，如果明天的 5MA 小於今天的 5MA，後天的 5MA 又小於明天的 5MA，表示 5MA 的價格正在慢慢往下跌，代表均線的斜率為負。

　　什麼是斜率與價格背離？以月線為例，當月線為正斜率時，代表它是一條正在上升中的均線。斜率與價格背離，就是「在月線為正斜率的狀況下，價格跌破該條月線」。

　　觀察斜率與背離時，要切記斜率才是對的！基本上，越大的均線越有用。如果正斜率均線遇到價格背離，找買點做多；如果負斜率均線遇到價格背離，找賣點或做空。

　　我常用「假跌破找買點」的技巧。當價格跌到正斜率（逐漸上升）的月線，無論有沒有跌破都是買點。即使真的跌破，通常也是假跌破引誘市場散戶做空，過兩天便會再往上漲。

　　如果你想等待更好的買點，就要從「看月線」拉長到「看年線」。我習慣在價格跌到正斜率月線時，做好戰鬥準備，甚至會等待價格跌到更大條的正斜率均線，再找買點。舉例來說，正斜率的年線（240 日均線）是更好的買點，即便跌破也不會有事，因為要讓年線的趨勢轉彎實在很困難。

　　另外，背離只是個訊號，安全的買點要看三天。所謂安全的買點，並不是指價格跌破正斜率均線的時候，因為斜率與價格出現背離只是一種訊號，告訴你：「可以準備要買了。」

◎斜率與價格背離的因應之道

　　至於什麼時候買？答案是跌破後三天內站回均線就買。因為價格跌破後迅速站回均線，表示均線可以維持正斜率持續向上，原有的多方趨

勢沒有被破壞。

當斜率與價格出現背離時,有兩種常見買法,以下用 A 方案和 B 方案來介紹。

A 方案:假設月線的斜率為正,當價格下跌到月線時就直接買。用這種方法必須耐得住「洗」,因為正斜率的月線仍有被跌破的可能,要能承受洗盤過程中價格的震盪,否則很容易因短暫跌破而被洗出場。

B 方案:假設月線斜率為正,當價格跌破月線,三天內站回月線就買。這是相對安全的買法,價格跌破均線後又站回,代表均線斜率仍然為正,並且有強力的支撐,可以進行典型的順勢交易操作。

根據我的經驗,越洗越會噴,在價格震盪反覆洗正斜率均線支撐的過程中,通常只要支撐洗三次不破,隔了兩、三天,價格就會噴上去。

最後,我將上述三種背離的重要概念整理成圖表 2-23,方便各位讀者記憶,並在實戰操作中運用。

图表2-23　3種背離的重要觀念

成交量與價格背離	價漲量增，價跌也要量增，成交量都要跟上才有動能。
震盪指標與價格背離	當價格「第二次」創高或破底，震盪指標出現「第二次」黃金交叉或死亡交叉。
斜率與價格背離	當價格跌到正斜率均線，可以開始找買點，或是跌破均線後三天內站回再買。

2-5 價格下跌過程中，這樣抄底做多找到反轉契機

在本節中，我透過實際線圖，詳細說明抄底做多的實戰案例，希望讓各位讀者了解，如何在價格下跌的過程中找到反轉契機。

$ 建立5分K的投資邏輯

我本身習慣用60分K的小藍（20MA）、小綠（60MA），來判斷價格的止跌點。首先，我們要建立這樣的邏輯：在5分K的世界觀裡，5分K的240MA等於60分K的小藍。

從圖表2-24中，可以看到這一天的價格幾乎都收在5分K的240MA位置，但這不足以讓你進場抄底，只是基本上跌不下去而已。

在實戰交易上，如果看不太出來某個商品的多空方向，建議利用有關聯性的商品，判斷它的價格會不會拉來。

我們看一個金屬類商品的實戰案例，見圖表2-25，線圖呈現的價格走勢與指數正相關，從5分K走勢圖可以發現，銅在小那斯達克還沒有噴出之前，價格已經先拉出一段，後面才往下殺。

那麼，如何抓試單時機？在已知小那斯達克的小藍有守的前提下，至少可以先知道指數不太會跌，此時就是進場試單的好時機。

在此分享一下美股指數的特性，提醒各位不要在歐股開盤前交易。以冬令時間為例，歐股開盤前是指下午4點以前的電子盤，無論如何漲

| 圖表2-24 | NASDAQ 100 的 5 分 K 實戰案例 |

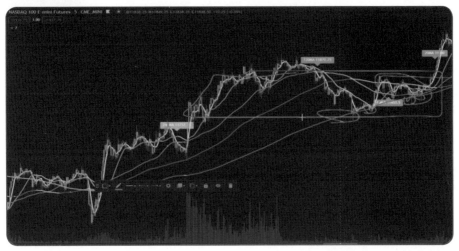

取自 TradingView 看盤系統截圖

| 圖表2-25 | 銅的 5 分 K 實戰案例 |

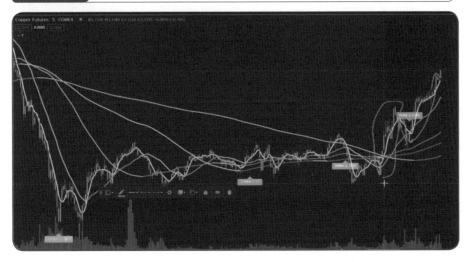

取自 TradingView 看盤系統截圖

跌，可能都不會有方向，因為歐美人士還沒有進場，所以千萬不要在這時候判斷走勢或進場操作。通常美股指數要等到 4 點後才開始發動，那麼誰在 4 點前就先動了？答案是銅。

接著，我們看一個美元指數的實戰案例（見圖表 2-26）。基本上，美元指數與美股、黃金、白銀皆為反向。在小時線圖上可以發現，美元指數在圓圈之處先殺了一根，其實當下美股電子盤並沒有漲，只是美元指數先殺了，而貴金屬（銅）也在拉。這時候你要有心理準備，即使不做多，也不適合做空。

透過比較關聯性商品交易的方法，我們可以預判，不會跌的商品會不會往上拉？如果別的關聯性商品已經開始上漲，就是操作的機會，不要等看到再做，否則通常已經來不及。

◎ 用順勢對稱策略抄底做多

以順勢對稱策略為例，當價格突破均線，且盤整期間都沒有跌破這條均線時，均線或是整個盤整區的下緣便是最好的買點。在實戰操作上，千萬不要等價格拉出去才追，務必要在整理平台的下緣（尤其是靠近均線時）做多，它就會噴出去，即使第一段沒做到也沒關係，因為第二段通常有相當高的機率會繼續漲。

見圖表 2-27，我們觀察一個順勢對稱的實戰案例。第一段上漲後沿著區間（圖表中的方框處）盤整，在重要均線（5 分 K 的 240MA）都有支撐，因此適合在這個盤整區間的下緣佈局（圖表中圓圈之處），等待第二段噴出行情。

刀神操盤從來不設定目標價。其實，完全不需要知道價格會漲到多少才做多，只要符合策略條件，看到某些適合做多的現象或形態即可。上面介紹的順勢對稱策略，就是理論與實戰結合的完美範例。

☑ 在實戰操作上，刀神最常用的順勢與逆勢交易策略共有 4 種，分別是順勢對稱策略、順勢支撐策略、逆勢乖離策略，以及逆勢背離策略。

☑ 就順勢對稱策略而言，在初升段時，由於你我都不是主力，沒有機會提前進場，而在橫盤整理過程中，每一次價格回測重要均線，都是好買點。在第二段則要確認初升段之後進場，抓 1 比 1 等比漲幅作為目標價。

☑ 用於「找買點」的抄底形態有 4 種：三顧茅廬、頭肩底、末跌高，以及 90 度急跌。

☑ 辨別「找賣點」的 3 種摸頭形態：負斜率均線反彈未過高、急拉急跌造成 KD 背離，以及 90 度急漲。

☑ 追空其實是一種順勢交易,代表你前面放空已經看對方向,認為後面會持續下跌。主要有 3 種背離形態和操作技巧,分別是成交量與價格背離、震盪指標與價格背離,以及斜率與價格背離。

☑ 以順勢對稱策略為例,如果價格突破均線,而且盤整期間都沒有跌破,這時候均線或整個盤整區的下緣便是最好的買點。千萬不要等到價格拉出去才追,務必要在靠近均線時做多,價格就會噴出去。

NOTE　　　　　　　　　　/　　/　　/

第 3 章

從順勢做波段到逆勢抓轉折，都要懂得停損停利

3-1 若逆勢放空做期貨，得等到價格跌破支撐再空！

在海期的世界裡，順勢交易看似簡單，其實能將它做好的人少之又少。許多人學不會順勢交易的主要原因是：比起做順勢交易，更想要當個勇者挑戰逆勢交易。

💲「過高→拉回」反覆循環

在順勢交易的過程中，我們經常看到趨勢明顯呈現「過高→拉回→過高→拉回」的反覆循環，但大多數人往往會有「搞不好這次會跌破支撐」的想法，明明支撐尚未跌破，只是看到價格稍有反轉就決定放空。其實，最後價格回測，只要不跌破支撐，會有很高的機率止跌反轉，甚至再突破前高（見圖表 3-1 和圖表 3-2）。

人性的弱點容易驅使投資人變得過於自信，明明價格已經創新高，仍然主觀地相信已經到達高點，而不尊重市場趨勢。所以，在順勢交易的過程中，勇者往往會在反轉點開始放空，過前高再空它一口，第三次價格拉回接近第二次空點時，自以為看對又加碼，最後反而被尬到天上（見圖表 3-3）。

進行順勢操作時，在趨勢不變的情況下，每一次價格拉回到「上升趨勢線」都有支撐，只要支撐未破，便有機會再創新高。

許多人做期貨交易時沒有搞清楚，期貨是每個月都要結算，而且保

圖表3-1　正常的順勢交易

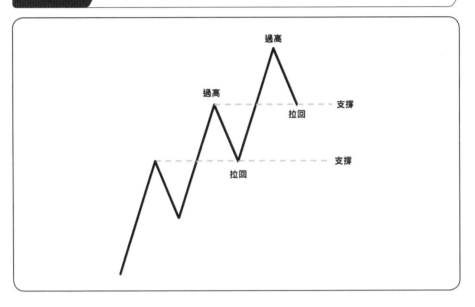

圖表3-2　勇者的錯誤示範

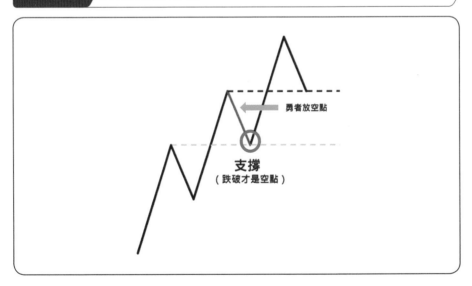

圖表3-3　賺一輪九的勇者行徑

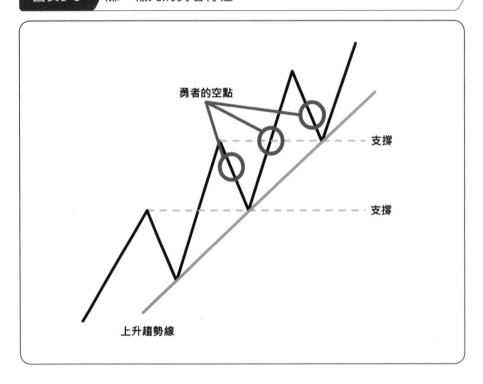

證金制度是一旦你的部位被結算掉，除非又匯錢進來，否則輸光就是輸光，不像投資股票可以一路凹到底。

假如價格結算在最高點，「跌破支撐會崩盤」的邏輯將不存在，因為你放空得太早，錢在結算的那一刻已經全部賠光，即使新倉一開真的跌破支撐，轉為空頭走勢，你也沒有資金再參與行情（見圖表3-4）。

一般人難免有個迷思：我一定要空得比別人高。許多人之所以決定逆勢放空，通常不是因為「支撐跌破」的客觀現象，而是自作聰明地認為現在是高點，覺得跌破支撐再空會太晚，成本會比別人高，最後反而害自己被尬到最高點。

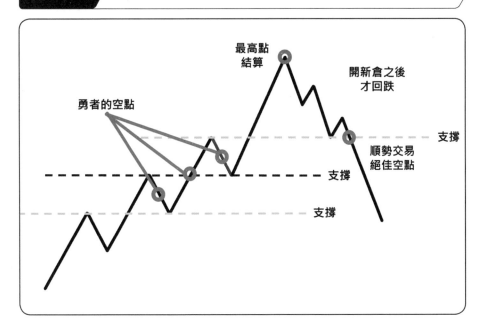

圖表3-4　太早放空，錢在結算時已賠光

　　因此建議各位：如果要空，跌破最後一個高點再空！換句話說，寧願等到價格反轉 300 點，跌破最後一個高點支撐再空；不要價格根本還沒跌破支撐，才轉折 50 點就急著進場當空軍。

💲 根據統計，順勢交易比逆勢交易賺錢

　　根據我多年的觀察，「逆勢交易賺一輸九，順勢交易賺九輸一。」在多頭的過程中，假設有十個波段高點，採取逆勢交易的人往往賺到一個、錯過九個，尤其最笨的人是看錯卻不認錯，一路加碼攤平，最後結算在最高點。相對地，假設有十個波段高點，認真執行順勢交易的人多半只錯一個、賺到九個，因為他會耐心等到趨勢反轉（跌破支撐）才出

手。

　　順勢交易當然也會碰到虧損，但從統計學的概念來看，絕對遠比逆勢交易要好得多。既然如此，何必當個逆勢交易的勇者呢？

　　做交易不怕看不懂行情，最怕變得自大。明明支撐未到，就喜歡猜高點、猜低點，完全忽略順勢交易必須參考的客觀條件。唯有克服人性，尊重趨勢和客觀事實，才能把握每一次的行情。切記，在一段完整的順勢交易循環，要當賺九輸一的贏家，而不是賺一輸九的勇者。

3-2

如何操作波段，精選多空進場點？可以用 6 個方式

　　所謂「波段交易」，一筆單至少要放超過一星期。為了找出「不動賺最多」的方法，必須觀察到哪些現象才能嘗試佈局波段單呢？

　　為了解答這個問題，本節將介紹如何精選波段進場點，我分享自己精選波段多空進場點的 6 種方式。首先說明兩個代號：Long 代表做多，L-1 是做多 1 號，依此類推，而 Short 代表做空，S-1 是做空 1 號，同樣依此類推。接下來，我們看看從 L-1 至 S-3 的範例和說明。

💲 L-1：三底成立，突破頸線進場

　　「底」的定義如圖表 3-5 所示，需要出現連續 3 至 4 次的下影線或肩頭，才算是有「底」，最低不能少於 2 次，而底之所以為底，必須經過「下殺→止跌（底）→反彈回下殺點之上」這種循環。

　　再介紹一個名詞「底底高」，前波的低點（也就是底）不能破，才算是底底高。這個形態主要是會讓你做出「跌不下去」的判斷，因此要有 2 個以上的底部組成，不能單純看到一根下影線便確認底部。

　　那麼，L-1 中的「三底」是什麼？以 60 分 K 連續三根 K 棒為例，60 分 K 一天內最多只能打出一個最低點（一底），第二天若未破昨天低點，則打出第二個底（二底），而第三天只要價格未碰到前兩天低點，則出現第三底（三底）。

圖表3-5　連續出現3至4次的下影線或肩頭才算有底

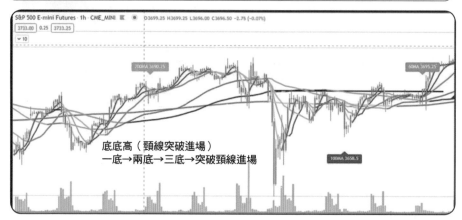

底底高（頸線突破進場）
一底→兩底→三底→突破頸線進場

取自 TradingView 看盤系統截圖

　　至於「突破頸線後進場」，頸線代表前三根 K 棒的高點，突破前三天高點後是進場的好機會，前提是要確認三底已成立，突破頸線才是進場訊號，而進場後通常可以放久一點，會賺到相當大的波段漲幅。

$ L-2：藍綠轉黃金交叉進場

　　波段做多的前提條件，是小橘（240MA）必須為正斜率。當價格下跌到正斜率的小橘上，我將這種形態稱為「小橘休息站」。

　　在價格下跌到小橘休息站之前，通常會發生「藍綠死亡交叉」的現象。即使價格往下跌到小橘，因為小橘仍為正斜率，所以不容易真正跌破，最常見的是反覆跌破又站上，就像是把小橘當成轉運站、休息站（見圖表 3-6）。

　　藍綠死亡交叉是指小綠（60MA）> 小藍（20MA），而藍綠黃金交叉則是小綠 < 小藍。從藍綠死亡交叉到小橘休息站，如果連續發生 3 至 4 次價格跌破又站上小橘的狀況，小藍和小綠會越來越靠近。只要在小

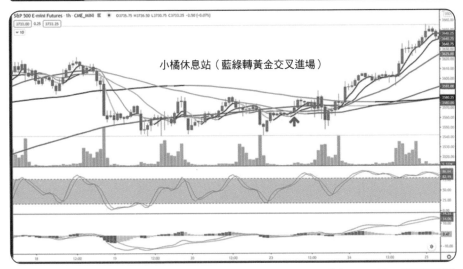

| 圖表3-6 | 小橘為正斜率，價格常反覆跌破又站上 |

取自 TradingView 看盤系統截圖

橘附近有一根明顯的反彈 K 棒往上漲，小藍和小綠便有很高的機率轉為黃金交叉，重新開啟新一波多方趨勢，所以建議投資人趁藍綠轉黃金交叉進場。

　　換句話說，當價格在小橘（240MA）附近上下擺盪，我們可以等待小藍和小綠由死亡交叉轉為黃金交叉後，進場做多。

　　或許有人會有這樣的疑問：跌破站上到底算不算跌破？我的答案是，跌破又站上就代表沒跌破。即使前面三次跌破你都停損，只要最後一次站上你有上車，這些虧損都有機會賺回來，因為反覆跌破站上小橘休息站的洗盤，通常都是大波段行情的起點。

💲 L-3：下降壓力突破進場

　　無論是下降壓力線或上升趨勢線的形成，都必須有三點連成一線，

| 圖表3-7 | 抓3個點畫出下降趨勢線 |

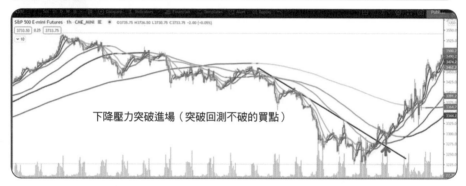

下降壓力突破進場（突破回測不破的買點）

取自 TradingView 看盤系統截圖

許多投資人習慣把兩點連成一線，其實那是比較不精準的。真正要畫出下降或上升趨勢線的突破點，通常要抓三個點（見圖表 3-7）。上升趨勢是將三個低點連成一線，而下降壓力是將三個高點連成一線。

如果圖上只有兩個點，還能抓出下降壓力嗎？既然上升趨勢線或下降壓力線必須由三點連成，當圖上只有兩個點，不要以下降壓力突破當作進場的基準，因為兩個點不能算是構成壓力，尚未形成明確的趨勢，所以無法參考。總之，長線趨勢必須由三個點連成才行。

💲 S-1：三高不過，跌破頸線進場

「三高」的定義是，當價格築出第一個高點，就形成一高；若反彈未過一高，便形成二高；再反彈未過一高和二高，則形成三高。

由於有了三個點才能確認趨勢改變，無論是上升趨勢線或下降壓力線，至少都要有三個高點或低點相連而成，因此三高可以用來確認波段頭部壓力，還可以相連成為頸線（見圖表 3-8）。

刀神所有操作都是以 60 分 K 為主，以 60 分 K 看「三高」時，至

図表3-8　透過三高確認波段頭部壓力

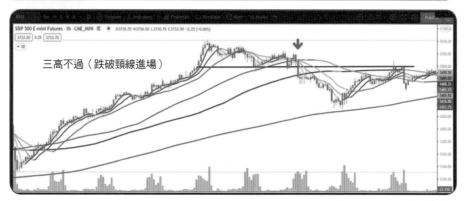

三高不過（跌破頸線進場）

取自 TradingView 看盤系統截圖

少要觀察 2 至 3 天。為什麼要以 60 分 K 為基準？三高在 60 分 K 比較好判斷，畢竟 5 分 K 的高點來得太快，三高不過可能隨時都會發生，沒有太大的參考價值。

⑤ S-2：小橘跌破後站不回，收定破進場

在交易的過程中，難免會碰到價格跌破小橘的狀況，我向各位讀者保證：正常的情況下，當價格跌破小橘時，貿然追空會死。

為什麼這樣說？事實上，跌破小橘不一定是真跌破，因為第一次跌破小橘之後，價格通常會出現一次反彈「摸小橘」，這時候才能確認這是真跌破還是假跌破，所以應該等待跌破小橘後的反彈再判斷。

如果小橘跌破後站不回，也就是真跌破，則收定破進場。如圖表 3-9 所示，收定站不上小橘，還跌破第一次下跌後反彈的低點，趨勢有很高的機率轉空。相對地，當小橘假跌破時，小橘只是休息站，應等待藍綠轉黃金交叉再進場。

圖表3-9	小橘真跌破，趨勢高機率轉空

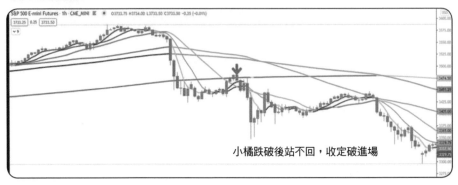

小橘跌破後站不回，收定破進場

$ S-3：上升趨勢線跌破進場

　　上升趨勢線的形成，如前文所述，必須有三個低點相連成一線，每次價格拉回觸碰到線，都會繼續上漲。相對地，見圖表 3-10，既然 60 分 K 能有三個低點，代表這個趨勢已經走了很長一段時間，當這樣的上升趨勢線被跌破，才真正有「趨勢反轉」的意義。

　　趨勢在上漲的過程中，可以連續漲好幾天、一週，甚至一整個月。同理可證，趨勢一旦反轉，連續跌好幾個星期都有可能，歷史上甚至出現過為期 6 個月的空頭趨勢。

　　當上升趨勢線反轉，原先的三個低點都有可能被跌破，不可以小看趨勢反轉造成的跌勢。所以，一旦上升趨勢線被跌破，多單一定要走，不要因為過去幾次跌破都有反彈，便選擇凹單，說不定這一次遇到的是真跌破。

　　在實戰操作中，波段交易不僅要花心力觀察研究、穩穩建倉，還得花時間等待獲利。

図表3-10　觀察60分K是否出現3個低點

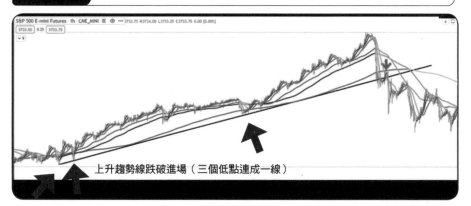

上升趨勢線跌破進場（三個低點連成一線）

取自 TradingView 看盤系統截圖

　　進場之後，前面三至四天都是觀察期，持倉時間至少要有一至兩週以上，才有機會看到波段交易真正豐厚的獲利。千萬不要花大把時間研究之後，稍微遇到一次盤中價格震盪就被洗出場。

🄢 做波段交易好比在衝浪

　　有些人以為，「波段交易」是下一筆單後不出場，持續無限加碼或攤平。老實說，用這種方式操作的人不僅誤解波段交易的本質，還為自己沒有紀律的操作模式找藉口。

　　對於波段交易，我最喜歡的解釋是「波」與「段」的交易模式。好比衝浪，一次波浪有多長、有多大，一個衝浪高手可以從頭衝到岸邊，但還是會在浪斷了時下浪板。衝浪取決於風有多大、浪有多大，而不是自己決定要衝浪多久。浪永遠有斷點，在斷點出現時，要果斷下浪板、重新再找浪。

　　波段交易的精髓在於「隨波逐流」，只要一波夠大，刀神就賺大的，

但只要一波結束，刀神跟著平倉出場。一般投資人最大的問題在於「定義斷點」，而刀神的斜率操盤術就是給你設定波段斷點的方法。

我帶過許多學員，很清楚大家下完單都希望看到滔天巨浪，但設定斷點才是期貨投資人的重要課題。好的波段交易主旨在於打敗小藍，如果小藍從 A 點到 B 點漲了 500 點，你能靠波段賺 510 點就贏了，而這段小藍漲幅期間的最高與最低點差了 800 點，則是你必須捨棄的，因為若你希望買最低賣最高，那麼這個浪還沒走完，你通常早就跌進海裡，想吃更多往往是錯過更多。

海期市場的交易，短則幾小時，長則幾天幾週。在 60 分 K 操盤世界裡，暴風雨何時來都沒關係，重點在於，暴風雨來時你會乘風破浪，但沒來時你記得平倉睡覺。

不管你下多大的單，一旦觀念錯誤，一個晚上本錢再多都不夠輸。你活在自己想的劇本，在面對市場多變時，找不到斷點，波浪斷了，你沉入海底的事情，不應該再發生了。

抓轉折只能花20%交易時間，看到這些證據再行動

在學習如何抓轉折之前，請切記：成熟的投資人應該把 80% 的時間，用來做順勢交易！

抓轉折不是不可以，但只能花 20% 交易時間，而且要看到證據再操作。因此，在抓價格轉折之前，請熟記本節提到所有代表轉折的現象，再執行相對應的交易策略。

一般交易分為真正開盤時間與電子盤兩個階段，尤其是海期市場。像美股在台灣的晚上十點半才開盤，最晚要到隔天凌晨六點才收盤，其他時間則屬於成交量相對低迷、容易發生上沖下洗現象的電子盤。

在台灣，很多人因為上班或生活作息等因素，通常無法在美股真正開盤的時間交易，適合學習一些電子盤抓轉折技巧，在上沖下洗的盤勢裡尋找獲利機會。

💲 5分K瞬間爆大量

首先，我介紹適合抓轉折的現象。很多人一直搞不懂爆量的位置要怎麼抓，最主要的原因是尚未建立「均量」的概念。並不是有量就叫大量，「爆量」是有定義的。交易任何一項金融商品都必須先了解，這項商品的 5 分 K 平均需要多少成交量，才可能出現轉折。

什麼叫做「大量」？當一根 5 分 K 隆起，且交易量比前面時段都

還要多，就可以算爆大量嗎？事實上，爆大量要超過一定的「均量」才算數，而每個期貨交易市場的均量都不同，所以需要各別判斷。

以小S&P（ES）的期貨市場來說（見圖表3-11），大量的定義為5,000到8,000口以上，而且成交量通常必須超過8,000口以上，才有機會出現比較大型的價格轉折。如果在成交量尚未爆量就抄進場賭轉折，很可能會遇到價格繼續破底的窘境，這是很容易受到傷害的操作方式。所以，不要看到市場稍稍出現1,000~2,000口的量，便認為是爆大量，這完全不值得進場冒險抓轉折。

再來看黃金（GC）期貨，黃金在電子盤交易時段的大量區間，通常是落在3,000到5,000口附近。這表示，如果某一天黃金成交量突然來個500口，甚至價格勾起來，也不算是爆大量，完全不值得進場做轉折。想要對黃金做轉折交易，黃金電子盤的成交量必須瞬間噴出3,000到5,000口，而且有明顯的價格反轉，5分K的形狀就像打一個勾，這時候進場冒險抓轉折才有意義。

💲 60分K出現蜈蚣腳

根據刀神的經驗，要做逆勢交易不是K棒出現一隻腳就夠了。我會說「蜈蚣腳」，代表兩隻腳可能也不夠，能有5隻以上最好，換句話說，K棒的腳越多越好，我稱之為「蜈蚣五隻腳戰略」。

「蜈蚣五隻腳戰略」的定義是：當60分K的趨勢來到某一個關鍵位置（例如重要支撐區），通常會產生下影線，如果該區間出現5根以上的下影線K棒，代表極有可能出現趨勢反轉，空不下去便要趕快回補（見圖表3-12）。

圖表3-11　5分K瞬間爆大量示意圖

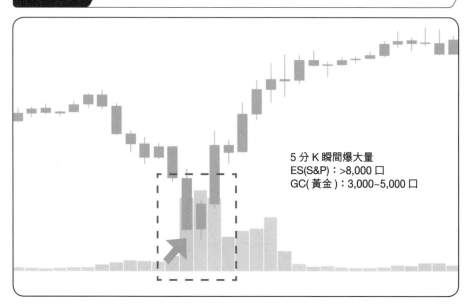

5 分 K 瞬間爆大量
ES(S&P)：>8,000 口
GC(黃金)：3,000~5,000 口

圖表3-12　60分K出現蜈蚣腳示意圖

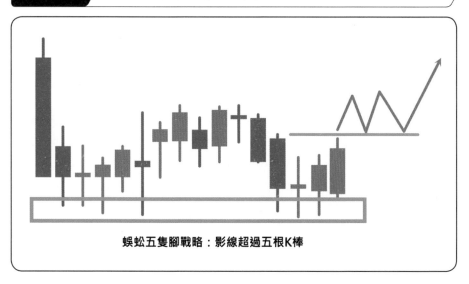

蜈蚣五隻腳戰略：影線超過五根K棒

⑤ 均線的變化是否正常

如何觀察均線的變化？先找「我們認為是支撐」的均線，例如小橘（60分K的240MA），然後判斷是正常現象還是非正常現象。

面對價格下跌的過程，刀神習慣以小橘為買點，原因是價格通常打到小橘1、2次就會再上攻，這算是正常現象，但如果碰到不正常的現象便要特別留意，是不是價格趨勢已經出現變化。

具體來說，當價格跌到小橘有守、容易回彈，這屬於正常現象（見圖表3-13）；當價格跌到小橘時上下震盪、容易續跌，這屬於非正常現象（見圖表3-14）。

當我們要判斷趨勢反轉時，假設均線原本呈現上升趨勢，每一波拉回都應該要反彈，價格也持續往上走。結果有一天你發現，價格拉回後停留在重要均線（例如小橘）上很長一段時間，且沒有產生大幅度的反彈，這時候要留意價格已在均線上停留過久，導致均線斜率趨勢走緩，改變原有的多頭趨勢。

趨勢反轉可能會讓原本「正斜率拉回找買點」的策略失效，使每一波的拉回都可能繼續往下跌，並不是好的買點。

⑤ 回測壓力的頻率變短

接下來，我說明實戰操作中怎麼抓轉折。第一個觀察重點是價格節奏改變，我習慣稱為「回測壓力的頻率變短」。用實際的S&P 500指數線圖（圖表3-15）來看，我們可以發現到，空頭走勢之下，每一次價格反彈都會接近小綠（60MA）後再續跌，而按照刀神均線三刀流的策略邏輯，在均線為負斜率的狀況下，每一次價格反彈到小綠都是空點。

但是在跌勢的末端，價格會不斷測試這個壓力位置，而且頻率會越來越高。參考線圖，比較最初兩次價格摸到小綠的位置，以及後續幾次

圖表3-13　價格下跌過程的正常現象

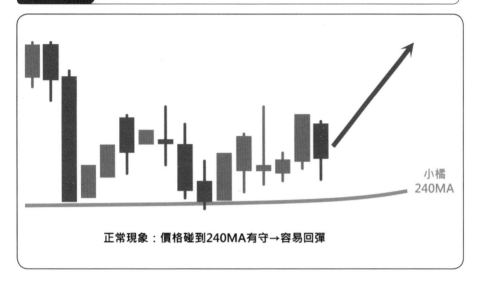

正常現象：價格碰到240MA有守→容易回彈

圖表3-14　價格下跌過程的非正常現象

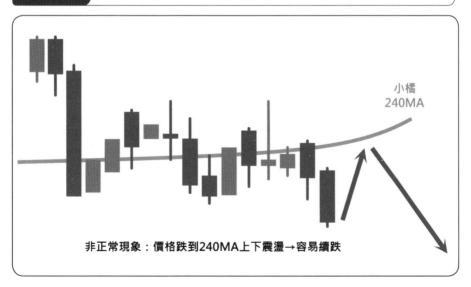

非正常現象：價格跌到240MA上下震盪→容易續跌

| 圖表3-15 | 空頭走勢下，價格反彈都接近小綠 |

取自 TradingView 看盤系統截圖

價格摸到小綠的位置，你會發現在趨勢即將反轉前，它反向運動的頻率會縮短。

見圖表 3-16，從第一次價格摸到小綠壓力後回跌，到第二次價格再摸到小綠，共經過 16 根 K 棒（16 個小時）。第二次測壓力不過又下跌，經過 8 根 K 棒（8 個小時）後再往上回測壓力。依此類推，第四次回測壓力只花了 4 根 K 棒（4 個小時）便摸到小綠。

從 16 小時的回檔到回測，到 8 小時的回檔到回測，最後是 4 小時的回檔到回測，每一次都是用減半的時間在回測壓力。當你發現這種反向運動的頻率變得更頻繁，表示趨勢即將反轉。

以 S&P500 的跌勢末端為例（見圖表 3-17），可以發現價格反向運動的頻率從 16 小時演變成 2 小時，最後終於上漲突破小綠（60MA），結束原先的下跌趨勢，進而產生新的多頭趨勢。

在趨勢反轉之前，通常可以觀察得到某些代表即將轉折的現象，這是我在實戰交易多年以來偶爾會使用的技巧。無論做空或做多，都可以

圖表3-16 反向運動的時間每次都減半

取自 TradingView 看盤系統截圖

圖表3-17 價格停止下跌，新趨勢誕生

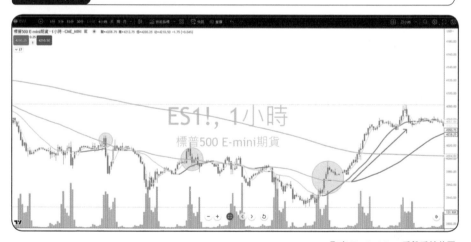

取自 TradingView 看盤系統截圖

在轉折位置觀察到一些不正常的現象。

刀神不是真的每次都非得等到價格站上小綠，或是小綠轉為正斜率之後才做多。有時候，價格站上均線與斜率轉正只是讓你確認趨勢。在趨勢反轉之前，其實可以透過抓轉折的現象，例如反向運動頻率變高，讓自己有一些心理準備，甚至建立試單的部位。

總之，先拿 80% 的時間做順勢交易，在其他 20% 的時間裡，如果你觀察到以上四種現象，而且同時全部發生，當然可以參考上述四種方法，嘗試做一些抓轉折的交易，這或許會成為你「買最低、賣最高」的獲利秘技。

💲 在逆勢中，用摸頭抄底切入進場點

此外，我再介紹「摸頭抄底交易法」，簡單來說，這是利用「擺高和擺低（swing high and swing low）」找到進場點。「摸頭與抄底」常用在逆勢的過程中，切入最佳的進場點，雖然這種交易機會不多，但只要方法得宜，還是能掌握住合適的空波段高點，或抄波段低點的契機。

想要有這樣的身手，第一件事是學習辨識擺高（swing high）和擺低（swing low），而這些高高低低到底是什麼意思呢？

首先說明定義：擺動低點是指價格創下低點，緊接著兩個連續更高的低點，相對地，擺動高點是指價格創下高點，緊接著兩個連續較低的高點。

在實戰操作中，務必在美股開盤後運用交易守則，也就是當開盤後擺低出現時，做多並設防守在擺低之處，而當開盤後擺高出現時，做空並設防守在擺高的位置，如圖表 3-18 所示。

必須留意的是，當你以 60 分 K 進場時，已經在高點或低點後出現第三根 K 棒了，因此在防守上依然要守在擺盪低點與擺盪高點，來承擔震盪。這時候不要亂動，讓市場決定這張單的績效，俗稱「止損不來

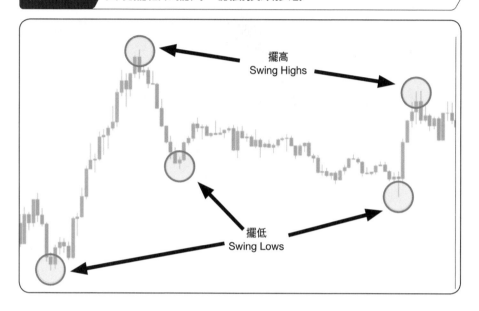

圖表3-18　出現擺低和擺高，啟動摸頭抄底

擺高
Swing Highs

擺低
Swing Lows

奇蹟自來」，讓市場幫你決定到底是摸到轉折還是失敗。

由於堅定看完三根 K 棒才決定摸頭抄底，因此不會一天到晚都有逆勢交易的機會。常聽說有人一天之內摸頭幾十次，損失慘重，我想問他有沒有用這個方法，還是只憑感覺進場？如果堅持用擺盪高點與擺盪低點來做單，交易次數是非常有限的，各位可以嘗試看看。

最後，將摸頭抄底技巧的正確步驟，歸納整理成圖表 3-19，提供各位讀者參考與應用。

根據摸頭抄底交易法操作，一天能產生的交易機會並不多，能有效減少投資人隨意進場的壞習慣。建議投資人別再憑感覺進場了！

圖表3-19	摸頭抄底技巧的正確步驟
步驟	**技巧**
1	尋找該商品成交量大的時間做判定。
2	非盤前的交易時段,以正常成交量時段來判定三根60分K的趨勢。
3	看完3根K棒後,產生連續兩根不過高做空,防守設置在SWING HIGH 的位置,產生連續兩根不破底時做多,防守設置在SWING LOW的位置。接受市場擺盪,止損不來、奇蹟自來。
4	展開1至2根K棒獲利時,再移動防守點到成本附近,接著讓市場帶著你走。
5	這單是當天結掉還是持有一個月,都是市場決定。

3-4

何時下車才不會扼腕？贏家停損停利的方法是⋯⋯

　　這一節主要分享，如何做好有意義的「停損」與「停利」。尤其停損是違反人性的操作，畢竟沒有人進到市場做投資是為了賠錢，因此每一筆停損都要損得有意義，不能讓血汗錢白白損失。但是，市場千變萬化，難免會碰到反覆停損的狀況，所以設定有意義的停損點是非常重要的事。

　　另一方面，什麼是有意義的停利？帳面上未實現的獲利再高，沒有拿到手都不算數。經常看到有人明明已經獲利不少，卻為了想賺更多而把早該出清的單繼續死抱，最後不僅沒有多賺，還可能把原本的獲利倒賠回去。

　　那麼，到底要賺多少才算心滿意足？在哪裡下車才不會遺憾？以下將介紹幾個停損停利的方法，作為實戰操作時的參考。

$ 用關鍵 K 棒設定停損停利點

　　第一個介紹的是「關鍵 K 停損停利法」。首先要找出關鍵 K 棒，然後以關鍵 K 的高點和低點作為多空防守依據，設定相對應的停損點與停利點。

　　想必各位讀者會好奇什麼是關鍵 K ？關鍵 K 是指突破或跌破關鍵支撐或壓力的 K 棒，而且必須帶關鍵大量才有意義。這根 K 棒與其他

K棒完全不一樣，因為出現在很重要的支撐壓力點位上，而且成交量有明顯的爆量。

怎麼確認K棒是否帶有關鍵大量？每個商品的均量都不同，無法統一類比，因此實戰上不需要特別去記，只需要與左右鄰近的K棒成交量比較，確認有明顯的爆量即可。

參考圖表3-20的K棒，基本上有三個確認步驟：**一是重要均線支撐附近的K棒，二是下方帶有關鍵大量，三是跌破小綠後又站上小綠，也就是確認支撐。**

在實戰操作時，以這根關鍵K的下影線最低點為防守，過程中的洗盤都不會把你洗出場，反而有機會賺到後面一大筆波段獲利。即使價格真的跌到防守點導致你停損出場，這樣的停損也是有意義的。

什麼是「無意義的停損」？這是指形態結構尚未被破壞，但是投資人在洗盤的過程中耐不住價格震盪，為了保本先停損或停利出場，而最後一整段價格噴出去，有抓到關鍵K棒卻賺不到錢，就是無意義的停損導致的。

另外，許多人沒有辦法徹底執行停損，主要原因是無法忍受過多的浮動虧損，例如看到帳上虧損900多美金便受不了。事實上，如果你不能接受這樣的風險和虧損，就不要下單。要是你認為最大停損的金額很可怕，當初就不應該按下買進，你必須先做好接受風險的準備，再進入市場。

如果無法接受最大虧損金額，會發生什麼事呢？假設某一筆單買進後，按照關鍵K設定停損點，最多可能要承受虧900美金的風險，但有些人可能看到帳上虧300美金便無法承受，甚至亂設停損點，看見價格打到均線便隨便出場，最後不只少賺一大段行情，還可能白白損失自己的本金。

因此，這裡強調一個重要觀念：絕對不要以均線作為停損停利點。對於「均線扣抵戰法」（詳見第3-6節）有點了解的人會知道，均線無

圖表3-20　找出關鍵 K 棒佈局防守點

取自 TradingView 看盤系統截圖

論是被跌破或站上都不重要，扣抵值才是關鍵！

💲 前一根 K 棒的影線高低點，作為出場點

在多單的情況下，也要懂得如何設定停利停損點。在進場之後，要用前一根 K 棒的下影線低點作為多單的出場點。

大多數散戶進場後都有一個迷思，習慣以「自己的進場點」作為停損停利的依據。這時候問題來了！我們怎麼知道主力的成本多少？會與你的成本一樣嗎？今天價格往下殺，主力當然有自己的防守價位，那個價位可能是下影線低點，也可能是均線，但不太可能是你的進場點。

刀神分享一個重要觀念：**你不會買在最低點，但要以最低點作為防守點。**今天你之所以進場必定有某些依據，例如等到價格跌到重要支撐才進場，但主力可能在更早之前便確認，這個形態有很高機率會撐住不再往下跌，所以搶先在最低點卡位佈局，只要你的手指比主力慢幾秒鐘，就不可能在最低點進場。

沒有跟主力一起買在下影線最低點怎麼辦？這時候必須犧牲，你即使沒買在下影線最低點，仍然要以最低點作為防守點。因為你如果不守這個點位，猶豫幾秒後，價格只會越來越低，容易吃到更大筆的「白損單」。

　　很多人之所以學不會「下影線最低點設定法」，主要原因是認為自己的進場點與下影線最低點有一段距離。當價格真的下跌到下影線低點時，你容易猶豫、擔心現在停損會不會虧損太多？結果十幾分鐘過去，價格反而比下影線低點還要低，這時候你才意識到要停損，雖然還來得及，但已經平白損失許多本金。

　　由此可知，停損是需要練習的。從進場點到下影線最低點的這段位置，是你必須承擔的風險，沒有人喜歡賠錢的感覺，如果在練習停損的過程覺得很痛苦，可以先試著不要放那麼大的部位，從小錢開始慢慢累積經驗，讓每一筆停損單變得有意義。

　　什麼是沒有意義的停損？價格根本還沒有跌到低點，形態也還沒有被破壞，但是你在半途停損出場，最後價格守住支撐噴一段上去，你才在懊悔，這就是沒有意義的停損。

　　在空單的情況下，如何設定停利和停損點？在進場之後，要用前一根 K 棒的影線高點作為空單的出場點。

💲 透過破底翻形態，賺一倍波幅的獲利

　　在市場上，常見的停利方法是以一倍波幅停利，包括波浪理論也是用這個方法設定停利點。因為市場通常有漲一倍就暫歇的慣性，所以抓一倍波幅設定停利點算是剛剛好，也不會少賺。那麼，漲多少算是一倍？後文將用「測幅」來說明。

　　什麼是「破底翻」？所謂「翻」是指最後跌下來那一根破底 K 棒的跌幅被吃掉了。在一個破底翻的 K 棒底部成形之後，漲幅至少有機

會往上翻一倍，而且常常會超過一倍。

　　見圖表 3-21，在看到紅線畫出的底部成形之後，確認為破底翻形態就做多。大多數人買進多單後，最困擾的是什麼時候該下車。投資人之所以經過價格震盪就被洗掉，是因為自己心中沒有一個基本的目標價，此時一倍波幅便是相當有效的停利參考。

　　以圖表 3-21 的案例來看，在價格破底翻突破頸線之後，至少要吃到等同於最低點至頸線一倍波幅的獲利（約 3,820）。事後來看，漲幅確實達到這個位置，甚至還遠遠超過一倍波幅。

　　另外，面對破底翻形態，做單不要做太短。有時候你連 60 分 K 或 5 分 K 的一倍獲利都還沒吃到，就因為價格震盪而下車，實在很可惜，也枉費預先研究進場點所投入的時間和心力。因此，要利用價格的急殺後又拉上來。見圖表 3-22，在急殺當天會出現一根釘子 K 棒，我會用這根 K 棒的總深度（從最高到最低點）來測量滿足點。

　　在價格站回去之後，只要不跌破這根關鍵 K 棒的高點，就可以拿這根 K 棒的深度來測量等幅，當價格往右走且逐漸洗盤，只要漲幅未達關鍵 K 棒深度的等幅，就不要隨便下車，一定要等到價格滿足等比漲幅，才考慮出場。

　　釘子 K 棒操作有三個步驟：一是看到關鍵 K 棒（釘子）後進單；二是設定停損點（例如該關鍵 K 棒的實體低點），三是以這根 K 棒的一倍深度測量等幅停利點。之後，無論價格如何震盪盤整，只要沒有撞到停損或是停利點，都不要隨便下車。

　　或許有人會問：「設定好停利點，可以不停損嗎？」我的答案是當然不可以！所有停利點的設定，都是建立在停損已設定的基礎上，而停損點必須在自己可接受的範圍內，例如關鍵 K 的實體 K 棒低點。有停利目標價的概念之後，當價格衝出去，才不會看到小賺就想下車，最少也要滿足一倍漲幅。

　　除了上面舉例的破底翻和關鍵 K 棒之外，事實上還有其他的形態

圖表3-21 確認破底翻形態就出手做多

取自 TradingView 看盤系統截圖

圖表3-22 用K棒測量等幅的基本條件

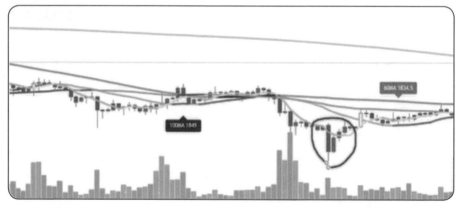

取自 TradingView 看盤系統截圖

也能用來測量停利滿足點，包括 W 底、頸線等等，這是讓你更能抱到波段大行情的技巧。

💲 賺到翻倍時，該不該下車？

在漲幅滿足一倍等幅之後，一般來說，秉持保守交易的投資人會先獲利了結，或是至少先保本，而秉持積極操作的投資人則會直到斜率改變再出場。

具體來說，在關鍵 K 棒出現後進場，若一倍等幅的停利點已滿足，但價格還沒有跌破任何重要均線，可以把防守點改為小藍（20MA），因為在趨勢尚未改變的狀況下，使用一倍滿足點停利反而有可能過早下車，錯失後面賺到兩倍、三倍以上獲利的機會。

在這裡為各位讀者介紹「賺賠比」，如果已成功進單，卻沒賺幾點就匆匆下車，是造成賺賠比很難看的原因。要是沒有學會設定停利點，即使你每一次的進場點都很漂亮，也會耐不住價格震盪而提早下車。

事實上，對海期的投資人來說，浮動虧損或停損都是日常。除了主力之外，沒有人有辦法每次進場都獲利，你要拉開成本，守好影線低點停損，設定至少一倍等幅的停利目標，不被帳上浮動虧損影響，確實遵守交易紀律，才能賺得到後面的幾段行情。

💲 刀神均線斜率策略的停利方法

原則上，刀神是看到斜率改變後再停利。根據均線斜率策略的操作邏輯，在小綠（60MA）價格被突破或跌破的當下，它的斜率不會馬上改變，所以這個停利方法不是在價格超過均線那一刻就出場，而是只要小綠的斜率尚未改變，無論價格如何上沖下洗都不出場，等同於「敵不動、我不動」的概念。

刀神不動的原因並不是市場行情沒在動，而是重要的均線斜率尚未改變。例如均線一直維持正斜率，手上的多單自然續抱，用時間慢慢養大獲利，不急於因單日價格波動而隨便平倉。換句話說，獲利需要時間培養，進場後不要貿然出場。

　　很多人看到價格在均線附近上下震盪，就急著把手上獲利的部位平倉，看似入袋為安，但這樣做往往會後悔，為什麼呢？

　　有長期交易經驗的人都知道，進場點沒有那麼好找，既然已經找到不錯的進場點，並且成功獲利，為何要急著下車呢？

　　常有學員問我：是否價格跌破小綠或小藍就出場？這其實是沒有意義的，因為小藍或小綠被跌破是每天都在發生的事情，即使它們被跌破，也不代表趨勢已經改變，而且還要考慮扣抵值，所以必須等到斜率改變，才能確認趨勢改變，例如正斜率的小綠翻轉為負斜率，才適合將多單停利。

　　最後，將均線斜率多空操作的實戰技巧整理成圖表 3-23，提供各位讀者應用與參考。

圖表3-23　均線斜率多空操作技巧

正斜率	回檔找買點做多→ 直到均線翻轉成負斜率，再停利多單。
負斜率	反彈找賣點做空→ 直到均線翻轉成正斜率，再停利空單。

3-5　防守本金的基本原則：守住 2 點、確定浮動虧損金額

在實戰操作時，怎麼做好防守，盡量保住自己的本金，是非常關鍵的環節。接下來，為各位介紹**對 5 種標準線圖形態的防守技巧**。

如何防守 1：急拉急跌造成 KD 背離

如果依照策略，在價格震盪時進場放空，停損點應該設在最高點，絕對不能抓進場點附近作為停損點，否則會平白耗損投入的資金（見圖表 3-24）。

圖表3-24 　急拉急跌造成 KD 背離的停損點

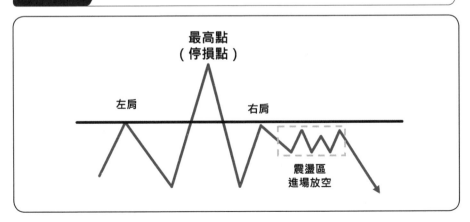

$ 如何防守 2：頭肩底

觀察頭肩底形態，最好的狀況是右肩高於左肩，如果依照策略，建議在盤整區間進場做多，而停損點則應該設在最低點。投資人必須事先計算「從最低點到進場點」的位置，並且評估若出現這樣的浮動虧損，有沒有辦法接受。

假設可能會產生 500 美金的浮動虧損，你覺得可以接受，就打一口單進去。不要連 500 美金的虧損都無法接受，卻打了十口單進去想要拚穩賺。如同進廚房不能怕熱一樣，不能接受最高虧損就不要這樣操作（見圖表 3-25）。

經常有學員詢問：「進場點要怎麼守，才不會虧錢？」刀神在此再次提醒，投資沒有穩賺不賠的策略。對於每一筆單，你在進場前都要先計算自己能否接受最大的浮動虧損，而不是思考如何操作才能避免浮動虧損。

圖表3-25　頭肩底的停損點

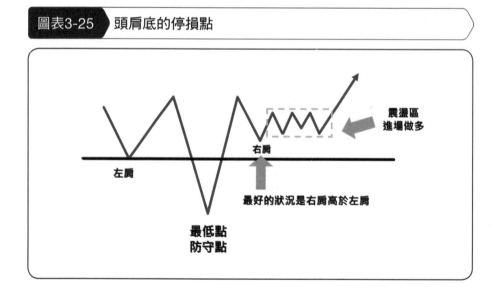

　　在實戰操作上，沒有避免浮動虧損的方法。假如沒有這些浮動虧損，你也賺不到波段。概念很簡單，如果策略告訴你這筆單的浮動虧損最大可能是 500 美金，但你心裡只能接受 50 美金，如此一來，當價格洗來洗去時，你很容易就把手上的單按掉。如果每次都小賺或小賠，要怎麼賺到大錢？

💲 如何防守 3：末跌高

　　當價格頂住下跌壓力而回踩的時候，如果要做多，應該以哪裡為停損點呢？答案是：**不用看什麼趨勢線或均線，一樣守住最低點就好**（見圖表 3-26）。

　　今天只要敢進場做單，就要有心理準備，承受現價到左邊 K 棒最低點的浮動虧損風險。事實上，我交易這麼多年，也沒看過幾次價格真的摸到最低點，代表這種狀況的機率非常低。我之所以建議把停損點設

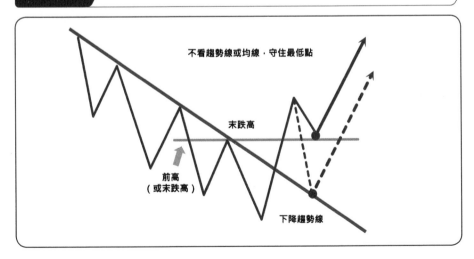

圖表3-26　末跌高的停損點

不看趨勢線或均線，守住最低點

末跌高

前高
（或末跌高）

下降趨勢線

定得這麼遠，只是為了避免受不了洗盤過程中的價格波動。

　　然而，機率低不代表不會發生。雖然價格很少會直接跌到左邊K棒最低點，但不代表沒有。如果今天價格真的打到停損，你還是必須忍痛吃下這筆有意義的停損單。這筆停損代表你判斷它是低點，但判斷錯誤，價格仍然繼續創低的學費。

　　另外，不要因為一次停損就放棄。每一次的交易事件都是獨立的，不要因為這次停損就影響到下次的判斷。

💲 如何防守4：90度急漲

　　當你第一次判斷錯誤執行停損，第二次再看到關鍵K棒進場，仍然要抓最低點來防守，並且妥善分配好手上的籌碼（資金），才能面不改色地接受帳面盈虧，即使停損也是有意義的小賠。

　　當價格出現90度急漲但突破不了次高點，就要進場放空。並且將停損點設在最高點，千萬不要將次高點當作防守點（見圖表3-27）。

　　面對90度急漲的形態，概念上與做多找最低點防守是相同的，放空也要抓最高點來防守，而不是次高點。從最高點到進場點的這段價差，就是投資人必須承受的最大虧損風險，如果無法忍受這個數字，建議不要下單。

💲 如何防守5：90度急跌

　　當價格出現90度急跌，接著在次高點以上震盪整理，就要進場做多。並且將停損點設在最低點作為防守，而不是守均線。

　　我一再強調：「停損千萬不要守均線」，理由在於均線就是拿來反覆跌破、站上用的，如果把均線作為停損點，你只會不斷被洗出場，平白損失籌碼和交易成本而已（見圖表3-28）。

圖表3-27 90度急漲的停損點

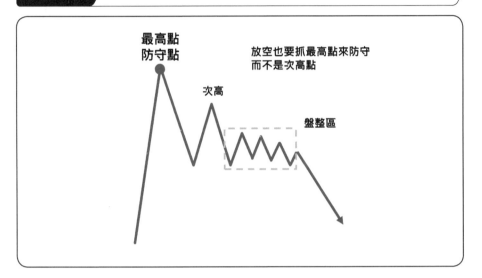

最高點
防守點

放空也要抓最高點來防守
而不是次高點

次高

盤整區

圖表3-28 90度急跌的停損點

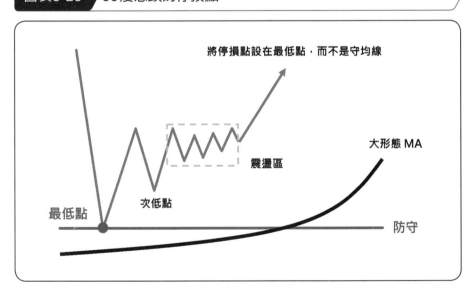

將停損點設在最低點，而不是守均線

大形態 MA

震盪區

最低點

次低點

防守

最後，針對停損與停利技巧做個簡單的總結。基本上有兩個原則，一是永遠守在「最高點」與「最低點」就好。二是進場之前，先確定自己能接受的最大浮動虧損金額。

　　萬一價格真的被跌破，就接受自己判斷錯誤進行停損即可。千萬不要影響對未來的操作判斷。即使再次出現一樣的交易機會，仍然要以最高或最低點作為防守。

　　本節的設定停損與停利點技巧，希望能讓各位少繳一點學費，或是平白無謂的金錢損失，多賺到一些波段獲利。如此長期下來，相信賺賠比一定會改善，帳面數字也會越來越漂亮。

3-6

學會進階的均線扣抵戰法，把握時機做多做空、抱好抱滿

　　在本節，我將介紹海期進階的操盤方式「扣抵戰法」，仍是以均線為核心。在了解這個操盤方式之前，首先要知道「扣抵值」的定義。

　　這裡用一個案例來說明，所謂 5MA（5 日均線），是將過去五天的收盤價格加總之後除以五。具體來說，如果五日分別的收盤價為 101、102、103、104、105，那麼 5MA 是將以上 5 個數字加總為 515，再除以 5，得出 103。我們可以看出，價格越來越高，明顯為上升趨勢。

　　各位讀者可以思考一下，假設第六天的收盤價為 102，均線會不會轉彎呢？

　　一般投資人的盲點在於，認為「價格跌破均線很危險」，但在扣抵戰法的概念裡，跌破並不重要，關鍵在於現在跌破的價格與 N 天前的價格比較後，情況如何？扣了誰？又抵了誰？

$ 認識扣抵值，計算均線價格

　　以案例來看，第六天的收盤價為 102，雖然低於 5MA 的 103，但還是高於五天前的 101，也就是扣掉 101、抵上 102，因此這樣的跌破不會改變趨勢，也就是均線不會轉彎。

　　我們再來認識扣抵值，假設某商品前五日的收盤價依序為 101、102、103、104、105，第六天收盤價為 102，那麼計算新的五日均線價

格為（**102+103+104+105+102**）**/5=103.2**

即使第六天的收盤價比前一天低，平均起來的均線價格仍然大於前一天 5MA 的平均值 103，因此均線的斜率沒有轉換，價格的趨勢也沒有改變。如果計算扣抵值之後，趨勢仍然沒有改變，均線被跌破也沒有關係。

再次強調，跌破均線不會改變趨勢，與扣抵值做比較才是重點。無論哪一種週期的均線，當價格持續往右走，我們只要關注最舊和最新的價格即可，因為中間的價格不會改變，在一扣一抵的前提下，互相比較最舊和最新的價格，就能得出新的平均價格。

雖然前文的案例只是 5MA，但在實戰操作上，可以應用在各種週期的均線上。例如，20MA 的扣抵值計算，就是將最新的 K 棒與二十天前的 K 棒互相比較，依此類推，60MA、240MA 也是同樣的邏輯。

很多人習慣用「跌破均線」，作為停損或停利的防守依據，事實上，應該以當天的扣抵值為主。以案例來看，扣抵價就是前五天的第一個價格 101。

圖表 3-29 整理出扣抵戰法的操作重點，提供給讀者作為實戰操作的參考。

接下來，以小那斯達克的走勢圖（見圖表 3-30）為例，來進一步說明。從線圖中觀察什麼時候適合做多？把小藍加上小綠扣低值的發動點，就是最佳買點。

見圖表 3-31，為什麼價格下殺跌破小藍（20MA），我還是堅持做多呢？當下雖然價格已經跌破 20MA（小藍），但往回推算 20 天前的 K 棒，當天的收盤價仍然高於扣抵值，也就是標準的「扣低」時間，因此即使價格正在下跌也適合做多。

如果當天價格的最低點一度殺到小綠（60MA），則往前推 60 根 K 棒。小綠當下其實是沒有扣低的，但明顯看到小綠過沒多久，會扣到一整排的低值，這種狀況代表扣低時間快要到了。

圖表3-29　扣抵戰法的操作重點

知道什麼時候適合做多，什麼時候適合做空

扣高時間	• 扣抵值比現在價格高，趨勢會往下走（均線下彎），適合偏空操作，不利於做多。
扣低時間	• 扣抵值比現在價格低，趨勢會往上走（均線上彎），適合偏多操作，不利於做空。 • 在扣低時間遇到價格跌破均線，反而是做多的好機會，因為這種均線被跌破並未影響向上趨勢。
交易原則	• 計算出扣低時間將發生於何時，並在扣低時間內做多； • 計算出扣高時間將發生於何時，並在扣高時間內偏空操作。

圖表3-30　短期內沒有趨勢改變的疑慮

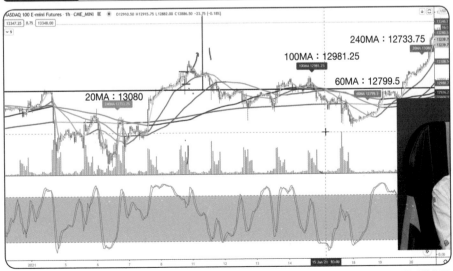

取自 TradingView 看盤系統截圖

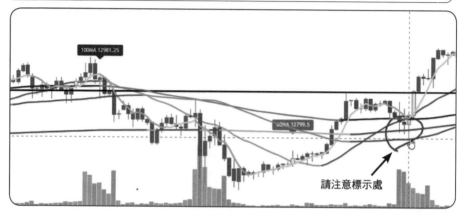

圖表3-31　即使價格下跌，也適合做多的原因

取自 TradingView 看盤系統截圖

　　基本上，做多最有利的時機是小藍（20MA）、小綠（60MA）及小橘（240MA）同時處於扣低時間，可以下多單且務必抱好抱滿。

　　見圖表 3-32，思考一下「扣高做多」與「扣低做多」的差異。圖中的 A 點和 B 點，價格雖然一樣，但代表的意義完全不同。

　　具體來看，觀察圖表 3-32，價格在 A 點剛上升突破負斜率小綠，仍處於「扣高」時間。如果買在這裡，不代表價格不會繼續往下，因為往回推算扣抵值，當下的小綠處於扣高時間，做多的風險非常高。

　　價格在 B 點回測正斜率小綠，正好進入扣低值時間最安全的絕佳買點。因為價格回測正斜率小綠，並且往回推算已準備進入扣低值時間，這時候最適合做多。

💲 觀察價格區間，掌握操作時機

　　提醒各位，買點一樣不代表風險一樣。其實，價格一樣的買點，風險大不相同！在扣高時間做多，很有機會遇到崩盤。相反地，等待價格

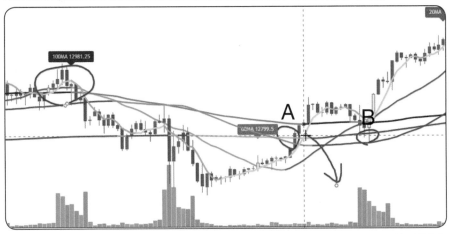

圖表3-32　在 A 點做多的風險非常高

取自 TradingView 看盤系統截圖

進入扣低時間再做多，相對會更安全。

　　跌破均線時，原則上的處理方式是進入扣高時間要放空。因為價格一跌破，均線會立即轉為負斜率。但如果進入扣低時間，跌破均線則沒有關係，理由是均線仍處於正斜率狀態，趨勢尚未改變。

　　在此整理扣抵戰法的進場要訣：在扣低時間（多方時間）內，站上小綠要做多；在扣高時間（空方時間）內，跌破小綠要做空。

　　扣抵戰法需要時間等待，不是每天都有扣最低值的機會讓投資人做多。建議各位觀察線圖上的價格高低區間，在扣低值還沒到之前，都不適合操作。選擇更安全的區間交易，有助於提高每一筆單的勝率，扣抵戰法就是相當有效的技巧。

重點整理

☑ 順勢交易看似簡單，其實能將它做好的人少之又少。比起做順勢交易，不少投資人更想要當勇者挑戰逆勢交易，但是逆勢交易賺一輸九，順勢交易賺九輸一。

☑ 波段交易的精髓在於隨波逐流，只要一波夠大，刀神就賺大的，但只要一波結束，刀神跟著平倉出場。

☑ 刀神用 6 個方式，精選操作波段的多空進場點：三底成立突破頸線、藍綠轉黃金交叉、下降壓力突破、三高不過跌破頸線、小橘跌破後站不回收定破，以及上升趨勢線跌破。

☑ 成熟的投資人將 80% 的時間，用在做順勢交易。只能花 20% 交易時間抓轉折，而且看到證據才操作。在行動之前，要熟記這些代表轉折的現象：5 分 K 瞬間爆大量、60 分 K 出現蜈蚣腳、均線的變化是否正常、回測壓力的頻率變短。

☑ 在逆勢的過程中，利用擺高和擺低（swing high and swing low）來摸頭與抄底，找到進場點。擺低是指價格創低點，緊接著兩個連續更高的低點，擺高則是指價格創高點，然後是兩個連續較低的高點。

☑ 要賺多少才算心滿意足？在哪裡下車才不會遺憾？你可以使用以下的技巧：關鍵 K 棒設定停損停利點；前一根 K 棒的影線高低點作為出場點；透過破底翻形態賺一倍波幅的獲利。

☑ 均線斜率多空操作技巧：均線為正斜率時，回檔找買點做多，直到均線翻轉成負斜率再停利多單。均線為負斜率時，反彈找賣點做空，直到均線翻轉成正斜率再停利空單。

☑ 扣抵戰法的操作原則和技巧：先計算出扣低時間將發生於何時，並在扣低時間內做多；反之則在扣高時間內偏空操作。若扣抵值比現在價格高，趨勢會往下走，適合偏空操作。若扣抵值比現在價格低，趨勢會往上走，適合偏多操作。

NOTE   /   /   /

NOTE　　　　　　　　　　　/　　/　　/

第 4 章

增強實戰技巧，才能在市場活得久又賺得多

4-1 刀神的20句實戰語錄，幫你強化投資觀念

　　過去我曾在很多場合，分享過從自己實戰經驗淬鍊出來的「刀神語錄」，但細節通常需要經過詳細解說才比較清楚。

　　為了讓讀者能夠迅速吸收這些重要的原則，以下特別以條列式的重點提醒，搭配深入淺出的說明，相信可以幫助各位強化投資觀念，並在海期交易的實戰操作上有所幫助。

【1】支撐不破，壓力必過

　　這個道理的重點是：**行情必定是一波接著一波**。之所以用「波」來形容，就是因為價格不會永遠都呈90度上漲，必定會經歷拉回的過程。

　　價格只要拉回，便會形成支撐，如果價格仍在支撐附近測試，即使看空也不要認為必定崩盤，因為有時候價格只是回測支撐，未必會跌破，反而可能再往上攻（見圖表4-1）。

　　若回測支撐不破，如何驅動自己在這個位置進場去買？此時就要把「支撐不破，壓力必過」這句話記在心裡。價格從上面一路跌下來的壓力，未來都有可能反彈，所以你會有動力買進，等待價格突破前高。

【2】凡有獲利，必先保本

　　當你成功賺到一段價差的獲利時，**至少要先保「本」**，而不是保「利」，因為保利有可能在洗盤過程中被打消掉。

圖表4-1　價格只要拉回就會形成支撐

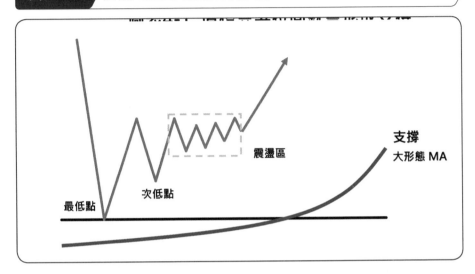

　　保本的意義是，這一次做單如果失敗也不會賠，頂多是沒賺到。在期貨市場沒賺到其實沒關係，為什麼呢？我自己也常常是做了幾百筆交易，才賺到一筆大行情，所以沒賺到真的無妨，只要留得青山在，隨時都可以重新再挑戰。

　　你可能會問：「如果獲利不夠大怎麼保本？」我認為每個人對獲利的認知並不相同，可以承受的比例也不一樣，像我自己做單如果沒有賺很大，通常不太會保本。

　　總之，還是由衷建議讀者，有獲利就保本，但也不要沒賺多少便急著下車，至少獲利要先與成本拉開一些距離。就像跟車不能太近，免得追撞前車的車尾燈，沒賺多少還得賠上手續費與交易稅。

【3】逆勢打短，順勢波段

　　這個口訣特別強調的是，一般投資人在做單時，面對順勢交易和逆

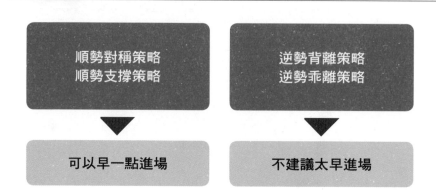

圖表4-2　順勢與逆勢策略的進場緩急

順勢對稱策略 順勢支撐策略	逆勢背離策略 逆勢乖離策略
▼	▼
可以早一點進場	**不建議太早進場**

勢操作，通常會打不一樣的口數，而且抱的波段也會不同。

　　那該如何控制自己的口數？這時候要熟記「逆勢打短，順勢波段」的的口訣。當今天你做的這口單屬於逆勢操作，整個日線規格仍在往上走，過程中只要碰到價格修正，便要有隨時收單的心理準備，因為逆勢單只適合打短線，不能抱波段。

　　順勢打波段的概念也不難懂，今天如果價格沿著五日線上漲，你手上持有的順勢單當然就一直續抱，直到重要的大支撐（月線或年線）被破壞掉後再出場，才有機會抱到整個波段的大行情。實際操作時，可以參考圖表 4-2，決定是否需要儘早進場。

【4】斜率越大支撐壓力越強

　　前文有說明過，斜率是指每一條均線上升趨勢或下降趨勢的角度。請切記只要均線的斜率越大，支撐與壓力的力道就越強。

　　以五日線為例，當五日線的角度越陡峭，價格回測五日線的支撐會越強。因此要有個觀念：漲勢越凶猛，遇到回檔越要買；漲勢越平緩，一回檔很容易掛掉。

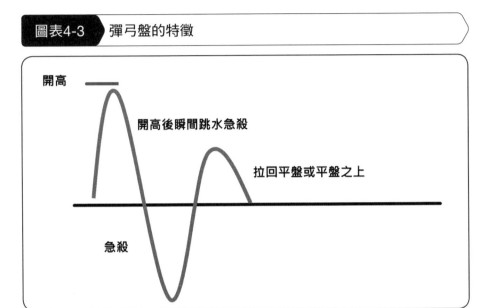

圖表4-3　彈弓盤的特徵

開高

開高後瞬間跳水急殺

拉回平盤或平盤之上

急殺

【5】彈弓盤收最高或次高

想必很多人會很好奇，想知道什麼是彈弓盤。彈弓盤的特徵，就是盤勢開高然後瞬間跳水急殺，之後又拉回至平盤或平盤以上。因為整個線形類似橡皮筋或彈弓，所以稱為彈弓盤（見圖表 4-3）。

彈弓盤的價格急殺完且拉回平盤之後，通常震盪到尾盤便會再拉上去，一般都會收在次高，也就是低於開盤點，或是收在最高點（高於開盤點）。

根據我自己的經驗，看到這種開高急殺的盤，心裡先不要慌張，結果才是重點。以典型的彈弓盤為例，常常價格急殺完又拉回平盤，所以看到開盤的急殺，其實不必太恐慌。

【6】五日線第一次回測都是買點或空點

我要特別強調「第一次回測」。所謂「第一次」是什麼意思呢？當

價格越過五日線（均線）即為多頭走勢，往上走到一半會遇到回測，而在回測的過程中，如果價格「第一次」摸到五日線，不用想太多，這裡就是買點！

但如果價格已經回測五日均線有3、4次，均線通常會逐漸走平，這時候再進場買會比較危險。

這個口訣等同於前文「**斜率越大，支撐壓力越強**」的概念，價格第一次回測五日線時，五日線的斜率一定最陡峭，所以通常回測完再上漲的機率會比較高。

【7】60分K以下的震盪指標都忽略

什麼叫做「震盪指標」呢？舉凡KD、RSI、MACD等等，在指標設計上有「以20為最低、80為最高」的基準，我都將它們統稱為震盪指標。

在刀神的交易世界裡，我將60分K以下的震盪指標全部忽略！不管是1分K、3分K或是5分K發生的正負背離，通通沒在看。如果想學習波段交易的操作技巧，那去在意1分K、3分K或5分K的世界要幹嘛？而波段交易的定義，是至少可以抱著過夜兩、三天以上才算數，也比較容易賺到大行情。

【8】60分K以上的震盪指標找背離

既然我忽略60分K以下的震盪指標，那60分K以上的震盪指標當然也不一定要參考，主要是要找背離。觀察60分K以上震盪指標，當KD出現死亡交叉不一定要做空，出現黃金交叉也不一定要做多，除非震盪指標與價格產生了「背離」才要操作。

【9】日線趨勢線最大，被突破一定要反向

基本上，我在實戰交易的過程中，主要觀察兩條線，分別是「上升

趨勢線」與「下降壓力線」，並且以日線等級去觀察，並不是 5 分 K 或是小時 K。日線在我的交易世界裡等級最大，可以說是萬靈丹，也就是最後的防線（類似軍事上的馬其頓防線），如果被突破一定要反向操作。

上升趨勢線是指在上漲的過程中，把價格每一次拉回的低點連結起來，共三個點連成一條線，即為上升趨勢線；同理，下降壓力線也是一樣的概念，在下跌過程，把價格每一次反彈的高點連起來，即為下降壓力線。

趨勢線被突破了怎麼辦？在正常的多頭趨勢中，日線、月線、季線等均線可能會因為價格回檔被跌破，但最後一條上升趨勢線無論怎麼回跌都不會破。

但趨勢線並非永遠不會破，而是被突破的那天一定要反向操作。所以一旦發現下降壓力線被突破，請不要想等價格回來，直接進行反向操作。因為，過去累積三次高點所形成的下降壓力線已是慣性，當慣性被改變，代表趨勢也已經改變了。

【10】停損是你的好朋友

這是送給所有讀者的忠告，如果有看過刀神的對帳單，會發現我即使透過幾千筆交易賺了幾十萬美金，過程當中必定有一堆停損單。這也是為什麼我不斷強調「停損是你的好朋友」的原因。

留得青山在，不怕沒柴燒。想要賺大錢就不可能不停損，許多投資人為了賺錢打死都不停損，通常死最快的多半是他們。

【11】60 分 K 與日線同步，方向做錯也有救

這句話是什麼意思呢？打個比方：假設五日線是正斜率、月線也是正斜率，代表目前是多頭趨勢，於是進場做多。結果價格下跌，在下跌的過程中，即便價格跌破像是小綠（60MA）等重要均線，通常也會得

救。因為 60 分 K 和日線同方向，像這種跌破再站回去的機率很高，所以要勇敢做！

只要日線趨勢為多，做多的位置不夠漂亮也沒關係，因為趨勢仍為多頭，方向做錯的後果並不嚴重。所以要儘量做與日線相同方向的單，這樣比較安全也不用那麼緊張，但如果多空都想做的投資人，就必須多花點心力兩邊兼顧。

我對於順勢操作的定義，是可以留到明天的單！能夠放到明天以後的單才算成功，也比較安全，這種單通常會與日線的方向相同。至於方向做錯也能得救這句話，也不一定永遠都對，只是有比較大的機會可以挽回。

【12】紀律操作，輸給紀律不可恥

這句口訣剛好呼應前文的語錄「停損是你的好朋友」。要知道停損也是投資紀律的一種表現，當操作錯誤甚至錯很大，就必須果斷停損。我在這裡可以公開告訴大家，我自己也經常在停損，停損並不可恥，那些永遠不停損、套牢才在談未來的人才應該要反省，不要只活在自己的世界裡。

我自己有設計一件衣服，主題是「牛與熊和平共處」。面對牛市或熊市，多空操作本來就可以自由切換，不必執著一定要從頭到尾當多軍或空軍，真正的實戰交易是靈活操作，而不是單壓一邊、硬凹到底。

【13】沒有跌破別嚇自己，跌破也別自我安慰

當設定好重要的壓力或支撐（例如上升趨勢線）之後，在這個價格沒有被跌破以前，不要自己嚇自己。許多人看到價格出現震盪，不由自主會抱著一種「好像快跌破」的心情在盯盤。

其實這種心態非常危險，因為永遠只有跌破或沒跌破，不會有「好像快跌破」這種事。在還沒有發生跌破之前，請相信自己的交易系統，

客觀冷靜地看待價格變化即可。

那如果有一天，設定好的停損或停利價格，真的被跌破又該怎麼辦？這時候，也請也不要有「搞不好只是假跌破」或是「說不定明天又會站回」之類的想法，這些都是自我安慰的說詞。

所謂交易，不要死多、也不要死空。很多網路上的鍵盤高手，一邊說著自己永遠是多軍，一邊說短線過熱要小心。明明看漲又不做多、喊空又不敢放空，那不就只是在打嘴砲而已？自己該多、該空都亂了套。

誠心建議，做交易少去跟別人打嘴砲，自己顧好自己的交易比較重要，切記多空沒有一定，這是我累積多年的經驗心得。

【14】讓市場決定賺多少，只防守不主動下車

這句口訣的意義在於，以做多為例，只要發現目前的價格上方有壓力，我通常會提醒投資人「不要因為壓力而下車，要設一個防守點」。

舉例來說，假設今天在 3,600 時做多 S&P500，當指數漲到 3,670，不要因為覺得 3,670 賺夠了就隨便下車，反而要往後設一個防守的位置，例如跌破 3,650 我再走。

那麼，誰來決定要不要下車？答案是「市場」。如果市場真的有回跌，只要一碰到停利點（觸價點），我馬上就下車，寧可賺 50 點就好。

我經常做這種「被動下車」的操作，賺得甚至比那些主動下車的人還要多！為什麼呢？

喜歡主動下車的人稍微有一點獲利就離場，所以很難賺到大波段。因為市場如果真的會上漲，它其實根本不會碰到你的觸價點，畢竟那個停利價位只是預設的，你也不知道主力會不會真的回來。

假設今天觸價的停利點設好了，價格卻一直上漲，這筆單還沒碰到停利點，自然就變成了波段單。所謂「波段單」，並不是「你知道它會漲到哪裡」，而是完全不需要知道未來，設定觸價單讓市場決定，只要趨勢對了自然會成為波段單。

【15】洗過的行情越會噴，洗出場的價位再買

　　這大概是困擾所有投資人的難題，最困難的點在於，有時候許多客觀條件都顯示現在是支撐應該買進，例如黃金期貨的 1,850 或 1,860，結果你一買進，價格卻立刻跌破支撐碰到停損點，跌破完又站回、一站回又跌破，這時候會像失心瘋一樣，搞不清楚是要跌破還是站回？

　　專業高手與一般投資人最大的不同，就是無論任何時刻，只要價格站回支撐就是要買。即使之前我被洗出場 200 次，第 201 次價格站回我還是會買，如果看過我的對帳單就知道，**成功只需要買對 1 次就夠了。**一定要有這樣的心態，才能與主力對抗。

　　我個人特別偏愛洗盤（把人洗出場）的行情。坦白講，真正的崩盤只要一跌破支撐，馬上就會一瀉千里，像這種洗盤會跌不下去肯定有原因。價格之所以上上下下就是為了洗你、把籌碼洗乾淨，因此我很愛這種會把我洗出場的盤。

【16】越買越貴是好事

　　舉個例子，道瓊指數從 26,000 一路漲到 28,000，某位學員提問：「我已經看道瓊一路飆升 2,000 點了，現在還可以買嗎？」我的答案是，當然可以！

　　越買越貴是好事，但是很多人都有「絕對數字」的刻板印象，像是「台股破萬點不應該做多」、「已經漲好幾千點了，現在進場買會買貴」等諸如此類的說法。這種人就是缺乏趨勢操作的概念，不看均線也不看趨勢，才會出現怕買貴的念頭，最後對自己的順勢操作造成阻礙。

【17】會買不如會抱

　　以台股為例，假設你在 12,000 做多、漲到 12,100 賣掉，看起來是很厲害的順勢操作，但如果另外一個人買在 12,800、抱到 13,200 才賣掉，請問誰比較厲害？

　　因此，不要只會找買點。並且即使找到買點也要懂得抱，就像把吳郭魚變成龍膽石斑一樣，真正的大行情獲利都是等出來的。我經常提醒投資人，買在哪裡一點都不重要，重要的是有沒有「一口單賺 5,000 美金」的紀錄？像這種獲利才是我們應該追求的交易目標。

　　以海期市場為例，一口單賺到 5,000 美金，是很多人操作一輩子都達不到的目標。即使買點找得漂亮，如果抱不住，終究只是賺 20 到 30 點就下車的散戶，如此一來，買進的價格再好都沒有意義。

【18】漲勢看支撐、跌勢看壓力

　　以多頭趨勢為例，當盤勢上漲下跌，在這個過程中到底要做什麼？是要找壓力放空，還是找支撐做多？如果多頭做多遇到大跌又該怎麼辦？這時候，我建議可以參考兩個觀念。

　　一個概念是**漲勢看支撐**。當多頭趨勢處在下跌的過程中，只要重要支撐（以五日線為例）沒有破，那五日線就是你最好的買點，不管現在價格漲到哪裡都不重要，請務必牢記。

　　另一個概念是**跌勢看壓力**。面對空頭趨勢的道理也是一樣，當價格在跌的過程不要去想抄底，而是反彈如果沒有突破某個位置。依據我自己的操作邏輯就是小綠，因此絕對不會做多，反而要一路往下空，當然如果價格反彈過小綠則另當別論。

【19】好的買點總是不舒服

　　呼應前文的觀念「洗過的行情最會噴」，與這個口訣的概念相同，當你一直被洗出場，通常代表好事近了。之所以會被洗肯定有其原因，那就是不想讓你上車，正所謂好的買點總是不舒服。

　　也就是說，當你發現自己一直在某個點位附近，反覆執行小停損，不見得是壞事。通常越不舒服的買點，反而是最好的買點。

【20】交易次數不是重點，方向才是

其實，交易的次數不重要，重點在於「有沒有做對方向？」有些人喜歡每天多空來回操作，反覆執行小賺小賠策略，用交易次數堆疊獲利。有些人則喜歡一筆單交易進去順勢操作，簡單抱個 3 天，說不定比殺進殺出的人賺得更多。

趨勢是你的好朋友，在你進場交易之前不要去管什麼 1 分 K、2 分 K、3 分 K、4 分 K 還是 5 分 K，把重點放在大格局，趨勢在哪裡？如果你明明看到趨勢為空，手癢又想做多，那就太貪心了。

基本上，**趨勢在漲就找買點、趨勢在跌就找空點**。把交易原則化繁為簡，反而有機會賺到更多錢。

以上 20 句語錄，都是我實戰交易多年累積的心得口訣。如果讀完沒有什麼體會，可能是交易的次數還不夠多。

我每次分享的對帳單，都是上千筆的交易，累積非常多的實戰經驗，才能萃取出精華分享給讀者。如果交易時間長達 10 萬小時以上，相信你會更明白這 20 條語錄口訣的意義，希望對各位進行期貨交易有所助益。

No	刀神語錄
圖表4-4	20句刀神語錄
1	支撐不破，壓力必過
2	凡有獲利，必先保本
3	逆勢打短，順勢波段
4	斜率越大支撐壓力越強
5	彈弓盤收最高或次高
6	五日線第一次回測都是買點或空點
7	60分K以下的震盪指標都忽略
8	60分K以上的震盪指標找背離
9	日線趨勢線最大，被突破一定要反向
10	停損是你的好朋友
11	60分K與日線同步，方向做錯也有救
12	紀律操作，輸給紀律不可恥
13	沒有跌破別嚇自己，跌破也別自我安慰
14	讓市場決定賺多少，只防守不主動下車
15	洗過的行情越會噴，洗出場的價位再買
16	越買越貴是好事
17	會買不如會抱
18	漲勢看支撐、跌勢看壓力
19	好的買點總是不舒服
20	交易次數不是重點，方向才是

4-2
發揮海期商品的關聯性，開啟賺錢的連鎖反應

本節將談論海期商品之間的關聯性，請各位先思考一下，海期各種商品之間有什麼關聯性？對交易又有什麼幫助？

在實戰操作上，你可以看 A 商品，然後做 B 商品。假設 A 商品的價格已經往上漲，但 B 商品還沒有，那麼投資 B 商品就是可以把握的獲利機會。

$ 用金銀比操作貴金屬三兄弟

在海期投資中，也有稱為「兄弟組」的商品。最常見的商品關聯性交易，就是「貴金屬三兄弟」，包括黃金、白銀及白金（見圖表 4-5 和圖表 4-6）。

首先，向各位介紹「金銀比」。如果把金屬類的黃金與白銀的日線圖攤開來比較，會發現兩者的走勢基本上如出一轍，但彼此還是會有時間差，因而產生所謂「金銀比」的差異，這個數字也經常在跳動。

當「金銀比」的比例數字相當懸殊，例如：黃金比白銀貴 100 倍，那很可能是黃金已漲多、白銀落後補漲機率較高。若是當金銀比降低到 50~60 附近，則代表白銀太貴，黃金落後應該補漲。了解這樣的特性，你就可以利用「金銀比」的概念，操作貴金屬三兄弟來獲利。

圖表4-5　黃金的日線圖（2020年11月23日）

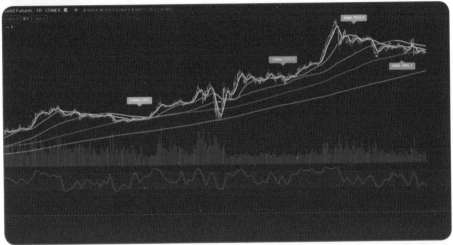

取自 TradingView 看盤系統截圖

圖表4-6　白銀的日線圖（2020年11月23日）

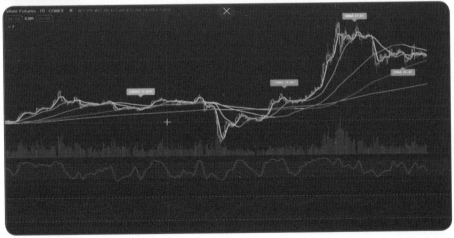

取自 TradingView 看盤系統截圖

💲 海期商品的兩種關聯性交易

具體來說，第一種商品關聯性交易叫做「落後補漲」。在兩個商品具有關聯性的前提下，當某一種商品價格大於另一種商品的倍數太多，就適合做落後的一方，因為通常價格漲多容易休息，落後就會補漲。

第二種商品關聯性交易，是利用不同商品在市場上代表的意義，做指數交易。例如，與景氣好壞相關的金屬商品「銅（HG）」，是工業用的原料，當銅價不斷上漲，就代表工業相關產業的景氣開始好轉，或是需求量變大，相對地就代表指數未來應該是不錯的。

另一個與景氣好壞相關的商品是「原油（CL）」，如果油價一直在漲，指數卻沒有反應，你就可以預期未來指數有機會再往上走。

我個人認為，預測指數走向的最佳方法，是將油價搭配銅價一起觀察。當原油、銅價格大漲，就不要隨便放空指數，相對地，當原油、銅價格大跌，也不要隨便進場做多。

在圖表 4-7 和圖表 4-8 中可以看到，從 2020 年 3 月開始，原油就領先做一波大反彈，從 10 元以下一路上漲到 43 元；對比一般人比較熟悉的小道瓊指數，會發現兩者的走勢相當類似。

同樣地，銅自 2020 年 3 月也一路上漲創新高，與原油的走勢幾乎呈現同步的態勢（見圖表 4-9）。

綜合觀察以上幾個線圖，我們可以明顯看出，銅的走勢與小道瓊、原油的相當雷同，截至 2020 年 11 月 23 日仍再創新高，並且最低點一樣在 3 月出現。

💲 海期操作的指數先行指標

指數的先行指標，在原物料商品方面，主要以原油和銅為代表。假設原油與銅的價格一路創新高，大概就可以預期指數不會太差，即使修

| 圖表4-7 | 原油的日線圖（2020年11月23日） |

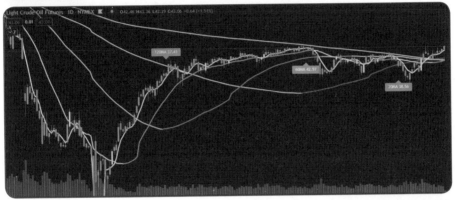

取自 TradingView 看盤系統截圖

| 圖表4-8 | 小道瓊的日線圖（2020年11月23日） |

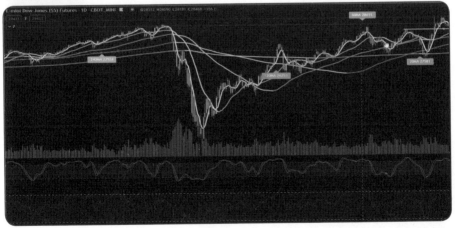

取自 TradingView 看盤系統截圖

正也可能只是短線暫時而已,只要原油、銅不大跌,指數修正或許就是多方買點,可以用這樣的方式去判斷,勝率還不錯。

另外,匯率也是一個重要的參考指標。我們可以思考一下,美元指數與什麼商品動向相反?直覺上,美元與歐元必定反向,當美元大漲、歐元必定大跌,相對地,若美元大跌、歐元則會大漲。

再來是美元與貴金屬的關聯性,美元與歐元的走勢呈現反向是必然的,重點是美元和歐元會對什麼造成影響?關鍵點是貴金屬,因為金屬是以美元計價,所以通常只要美元持續崩盤或是歐元持續上漲,黃金也會持續上漲。這樣的關聯性在短線上也許會有不一樣的走勢,但長線來看,方向通常是一樣的。

從圖表 4-10 中的日 K 圖,可看到黃金自 2019 年 5 月起漲,截至 2020 年 11 月為止,長多格局仍未改變。會呈現這樣的走勢,最主要原因就是受到美元持續弱勢、歐元持續強勢的影響。

以上就是我自己常用的商品關聯性交易。投資人每天在交易時,除了一些技術分析或選擇權分析之外,也可以透過商品關聯性看出誰先偷跑,比如指數現在沒有任何動靜,原油和銅卻先大漲,指數接下來很可能會往上拉,然後透過這樣的邏輯去操作。

商品關聯性交易的重點是:絕對不要用單一的方式操作。你必須要有各方面的證據去輔助,例如原油、銅一起大漲或一起大跌,才能判斷是否值得去做多或做空。

希望這種關聯性判斷技巧,有助於投資人精準地預測行情,就像在考試前先預測答案一樣,明明指數還沒有什麼變化,是多是空早已了然於胸。

| 圖表4-9 | 銅的日線圖（2020年11月23日） |

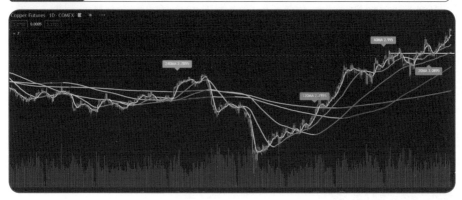

取自 TradingView 看盤系統截圖

| 圖表4-10 | 黃金呈長多格局（2019年5月至2020年11月） |

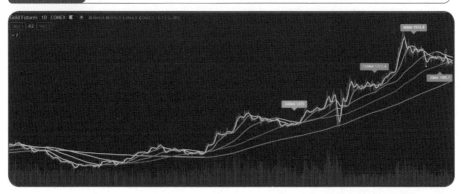

取自 TradingView 看盤系統截圖

4-3 利用免費的海期工具網站，從此交易如虎添翼

在這裡為各位讀者介紹三個非常實用的海期工具網站，使用上完全免費，不需額外付錢即可參考許多重要數據。

$ Barchart 網站

這個網站的重要特色，是觀察 SPY 選擇權的支撐與壓力，在使用上有五個步驟。

首先是步驟一，進入 Barchart 網站（https://www.barchart.com）。

步驟二，參考圖表 4-11，於搜尋列輸入「SPY」。

接著是步驟三，選擇欄位中的「SPY S&P 500 SPDR」。

為什麼是輸入「SPY」，而不是交易常用的「ESR」呢？原因是美股交易量最大的 ETF 就是 SPY，就像台股的 0050 一般重要。所以根據我個人的經驗，觀察美股 ETF 選擇權的支撐與壓力，會比看期貨的支撐與壓力更有效。

「SPY S&P 500 SPDR」頁面中，有 S&P500 走勢及各式各樣的資訊，但內容多又都是英文，如果看不懂該怎麼辦？其實，只要參考幾個項目即可（見圖表 4-12）。

圖表4-11　Barchart網站的使用步驟1至3

取自 Barchart 網站截圖

圖表4-12　查看S&P500走勢

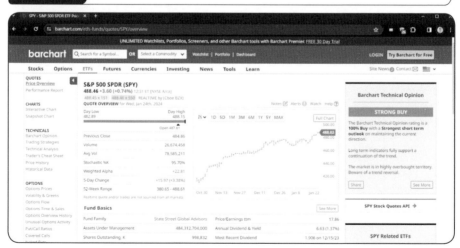

取自 Barchart 網站截圖

再來是步驟四，點選頁面左下角 OPTIONS 裡的「Option Prices」，也就是選擇權的價格。

最後是步驟五，選擇 Option 的結算日期。進入「Option Prices」頁面，畫面上方的「Expiration」欄位，可以讓你挑選 Option（選擇權）到期日（見圖表 4-13）。至於日期後面的「W」代表 Week，也就是選擇權的週結算日期，通常是星期五。

但美股結算日不一定每次都是星期五，有時候是星期三、星期一或其他時間。建議各位，如果你沒有玩那麼多選擇權，主要還是看星期五結算的行情就好。

圖表4-13　選擇 Option 結算日

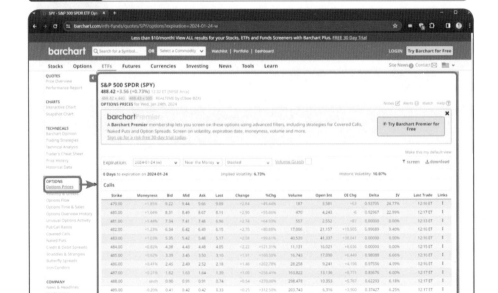

取自 Barchart 網站截圖

　　除了 W 之外，代表月的 M（Mouth），也是非常重要的選擇權結算日。而且，月結算日當天的交易量會特別大，尤其在支撐壓力區的成交量甚至可能高達十幾萬口，需要特別留意。

　　我通常用 Calls（買權）來找壓力，從圖表 14-4 可以看到三個欄位。分別是 Strike（履約價）、Volume（成交量）以及 Open Interest（最大未平倉量）。

　　因為 S&P500 是 ETF，所以你會看到履約價有 335、336、337 這些數字，而實際上對應的美股 S&P 指數，一定都要再加一個零，也就是 3350、3360 的意思。

　　針對當天的成交量，很多人會參考這個欄位找尋大量壓力區，其實是錯誤的。因為以我的經驗來看，你要找的是 Open Interest，也就是所謂的最大未平倉量（未平倉量愈大，代表市場愈活絡）。最大未平倉量

圖表4-14　用 Calls 找壓力

取自 Barchart 網站截圖

圖表4-15　透過數據找出最大的支撐區

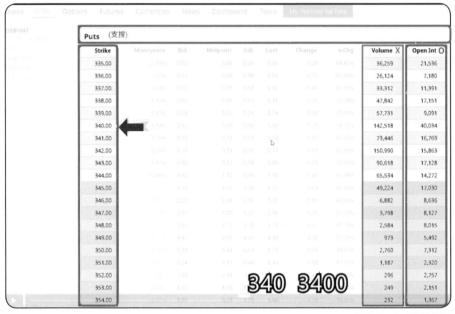

Puts（支撐）								Volume X	Open Int O
Strike	Moneyness	Bid	Midpoint	Ask	Last	Change	%Chg		
335.00								36,259	21,536
336.00								26,124	7,180
337.00								33,312	11,391
338.00								47,842	17,151
339.00								57,731	9,091
340.00								142,518	40,034
341.00								73,446	16,769
342.00								150,990	15,863
343.00								90,618	17,128
344.00								65,534	14,272
345.00								49,224	17,030
346.00								6,882	8,636
347.00								3,798	8,127
348.00								2,584	8,015
349.00								973	5,492
350.00								2,760	7,312
351.00								1,187	2,320
352.00								296	2,757
353.00								249	2,151
354.00								232	1,367

340　3400

取自 Barchart 網站截圖

比起成交量，更適合參考這個欄位。

這說明一個重要的概念：主力既然都敢在這裡留倉了，那不就是最佳的支撐壓力區參考點嗎？

另外，與用 Calls 找壓力是一樣概念，參考最大未平倉量，從圖表4-15 中的箭頭處可以明顯看到，在履約價 340.00 的位置（等同於 S&P 指數 3400）有高達 4 萬多口的未平倉量，因此可以把 340 視為最大的支撐區。

$ Finviz 網站

這個網站的最大特色，是可以顯示 S&P 成分股漲跌的即時地圖。

同樣地，建議依據以下的步驟來操作：

步驟一：進入進入 Finviz 網站（https://www.finviz.com）。
步驟二：點選右下角的「地圖」（見圖表 4-16）。

接著，點開右下角地圖後，即可放大顯示出標準普爾指數（S&P）
當中，依照不同產業別、市值大小區分的漲跌幅即時地圖。

漲跌幅地圖為什麼重要？產業分類對於挑選海期標的非常方便。首
先，你會發現這張地圖把各大產業別都分類好了，例如圖表 4-17 左上
角的「TECHNOLOGY」代表科技類股，而左下角的「FINANCIAL」則
代表金融類股。

網站中的市值板塊（類股），在漲跌幅地圖上也顯示不同的意義，
例如每一個板塊的大小，代表這類個股或是產業的市值佔比。所以，我
們對圖表 4-17 可以一目了然，最大板塊的股票幾乎都是大家耳熟能詳

圖表4-16　S&P 成分股漲跌即時地圖

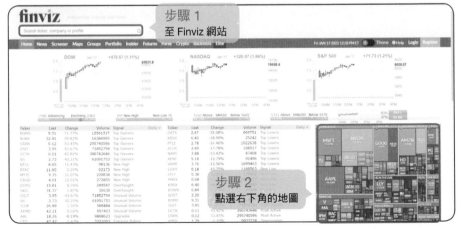

取自 Finviz 網站截圖

圖表4-17　　網站中顯示各類股的市值

的企業，而左上角和右下角的板塊有很大的差距，代表市值差異相當懸殊，因此右下角板塊的漲跌，對指數的影響相對較小。

　　一般來說，影響指數最劇烈的板塊個股，包括：微軟（MSFT）、蘋果（AAPL）、Google（GOOG）、Meta（META）、亞馬遜（AMZN），只要這五支股票在跌，無論是台股的加權指數或是美股的小那斯達克及S&P 指數，都很難上漲。

$ 財經 M 平方

　　這個網站基本上無需過多介紹，因為是內容全都以中文顯示。它的重要特色，是有芝加哥選擇權交易所（CBOE）公佈的選擇權 put/call 未平倉比率（見圖表 4-18）。

　　以上這些數據，可用來判斷目前市場行情是「過度樂觀」或「過度悲觀」，但只供當作參考工具使用，仍然要搭配其他指標做判斷，再進

| 圖表4-18 | CBOE 的選擇權未平倉比率 |

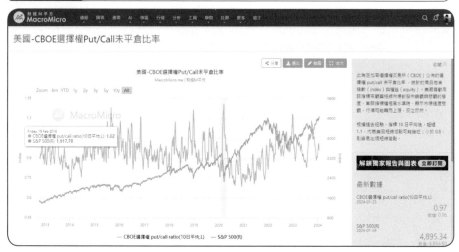

取自財經 M 平方網站截圖

行交易。

　　原則上，未平倉比率超過 1.1，代表接近短線低點。當 Put/Call 比小於 0.8 時，則容易出現短線高點。由於 2020 年波動率大得驚人，股市越來越常持續朝向極端值走，比如說，Put/Call 比上升到 1.3 才止跌，出現低點（2020 年 3 月），甚至下降到 0.69 才出現短線高點（同樣是 2020 年），代表傳統波動率範圍已經放大，即使是 1.1 都可能還有一大段跌幅，小於 0.8 也可能繼續上攻。

　　以上為大家分享三個免費的網站，這些都是我自己操作海外期貨交易時，幾乎每天都會參考使用的投資資訊平台，希望對各位進行交易有所幫助。

4-4 透過 AI 程式交易策略，徹底結合理論與實務

　　我在實戰過程中常常發現，許多投資人總是看著空訊接刀，看著多訊放空。當然空訊接刀，心中一定是想比程式更快反應，多訊放空也是一樣，但實務上都證明人性總是「想太多」，而且開始不跟訊號，後面只會越錯越多、越做越慘。

　　人真的會完全相信程式訊號嗎？答案是不會，地球上唯一能夠照著理論在操作的只有程式。很多時候我們也會質疑某個理論也是會賠錢，但應該再想想，那個理論賠錢時，你自己來操作，是賠更多還是更少呢？如果小刀交易也賠錢，但是賠錢的更少，實戰上來說還是好過人性許多。

　　投資賠錢是正常的，但過了那個賠錢區間後，能不能再賺回來，就代表這個策略的好壞。如果在賠錢之後不再相信策略，那奉勸你就別交易了吧。

💲 投資如何做到理性客觀？

　　人為的介入、破壞程式交易策略，是實務上最常發生的問題，因為總是認為自己能接收到更多資訊，因此判斷應該會更正確。但實務上，還是那句老話：你以為接收到「新」資訊，其實是「舊」資訊，並且都已經反應在價格上了。

　　許多人總以為取得別人不知道的資訊，提前發現大家都不知道的大秘密，但實際上價格已說明一切。大利空不跌，因為利空已經反應，大利多不漲，因為已經漲翻天了。

　　這些現象原因就是「新聞」，很多時候都是「舊聞」。例如，比特幣大漲是因為特斯拉買 15 億美金後大漲，還是因為特斯拉準備買 15 億美金之前，就已經有人知道了呢？

　　我們看起來很新鮮的事情，其實總是有人早知道，重點是投資人之所以會無法照「理論」操作，主因就是情感用事，身邊有再多的程式訊號卻還是自己做自己的，這就是我一直想做的實驗：到底人機對決結局會是如何呢？

　　開發程式策略時，很多人都是用過去的績效回測為主，我想用與真人的績效在同一個區間做比較，應該比較有意義。

　　請各位思考一下，有時關掉電視節目，不看網路資訊，全心專注在圖面上，會不會比較理性客觀？

　　主觀來自於你自己，什麼叫主觀交易？會不會常聽人家說「等一下就會跌」、「這裡已經很便宜了，快撿起來」或是「來到這一定有賣壓」，凡事還沒發生就預判情勢的都算是主觀交易，如果我們的日常都是這些言論，當然交易的過程就是天人交戰了。

　　我開發程式交易策略一陣子了，最常遇到的問題就是盤整期間程式被人棄用，但是走到最後，當市場趨勢回歸時，交易策略自然把虧損賺回來，而放棄的人自己交易的結果並沒有更好。

　　你應該也經常聽到，程式開發者總是說：「人總是在程式權益數最低時放棄，卻往往都在放棄治療後，程式自己就痊癒了。」這就是交易的真相！

　　人為交易有很多樂趣，確實是程式策略無法取代的，但是如果痛苦大於樂趣，那又何必執著與策略對抗呢？

$ 有好策略還要搭配執行力

我們常常會看到一樣的形態、一樣的線型,卻常常遇到不一樣的結局。可知交易沒有「絕對」保證獲利的標準形態,只有較高勝率的交易方法,但這也不保證不會遇到錯的那一次就讓你大賠。

市場也會因為政府的政策而改變,債券市場的變化也影響股市的穩定,交易市場存在很多系統性風險,所以在不同時空遇上一樣的線圖形態,並不代表會有一樣的結果。

學投資交易時一定要明白這個道理,沒有哪裡出場絕對不會賠,也沒有在哪裡出場保證能賺取最大獲利。交易每天都是重新開始,昨天強不代表今天強,昨天弱也不代表今天弱,所以專注當下最重要!

我也無法回答,這裡該不該停損,那裡該不該續空,永遠都是事後才有答案。當然很多人都會當「事後諸葛」,但如果不是當下就知道正解,那我覺得都是屁話!誰不會事後檢討呢?誰不會事後去講之前應該怎麼做呢?

看圖做交易都是完美無缺,但真正的戰場卻是槍林彈雨。在前線作戰,才能體會到當下的煎熬與恐懼,理性的判斷多與空只有「程式交易」做得到。

要在戰場上完全理性,其實也有一個方法。假如拿 100 萬打一口小台,一口微型指數期貨,相信就會毫無畏懼。除此之外,**正常的投資人每天都應該畏懼市場,在恐懼中戰勝市場,這才是真正的海期交易人生**。

人就該吃飽睡飽,少讀資料、少做功課,少分析研究,基本上盤面永遠是對的,意思就是交給程式才是萬全之策。人只在旁邊看表演,不要參戰比較好,在旁邊默默思考到底台指一週漲 900 點合不合理?最後的結論就是:未來才知道合理不合理,但今天不合理的走勢就足以把你幹掉了。

　　我相信每次出現 V 轉，都是人性最難克服的障礙，因為你一定是根據大跌做出策略，結果面對的卻是大漲。於是就會檢討哪裡出了差錯，但最後關鍵問題回到執行力上，你為何卡彈，無法將正確的交易單送出呢？一週內就足以產生巨大變化，要如何克服？

　　不過，好消息是卡彈只會發生在人身上，程式不會發生。希望讀者也有這樣的體悟。

4-5

用 AI 交易加密貨幣，24 小時盯盤戰勝人性

我在 2023 年與加密貨幣交易所派網（https://www.pionex.com/）合作，並將海期的交易原則運用在加密貨幣的程式交易當中，與派網的程式設計工程師一起打造出能大賺的交易策略，於 2023 年 5 月推出全方位的交易策略。

💲 加密貨幣的實戰運用

我們都知道，加密貨幣是個沒有休市的市場，一週 7 天，每天 24 小時不間斷地進行交易，加上高波動且沒有漲跌幅的限制，總給人們高風險的印象。

但是，我與派網共同創造出的全方位策略，完整克服這些劣勢，不僅由程式代碼主動盯盤上下車，更有一鍵開單的功能，任何人只要花 1 分鐘，就能開啟我精心規劃的 15 個交易策略，如同 15 個專屬專業經理人隨時幫你調配資金、讓你的資本增值放大（見圖表 4-19）。

多年來交易海期與加密貨幣，終於找到一個相對不會那麼勞心勞力的方法，那就是交給 AI 人工智慧。基本上，我認為人性在交易的過程中，有幾大缺點，像是：

圖表4-19　AI交易嚴格執行低買高賣

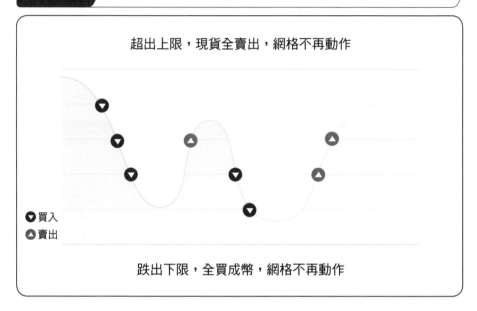

超出上限，現貨全賣出，網格不再動作

▼買入
▲賣出

跌出下限，全買成幣，網格不再動作

◎沒有耐心

這也是許多人選擇當沖的主因。例如，期待的行情在下單一週後才來，等不了那麼久就平倉了，也剛好在沒看盤時行情啟動了，結果顧此失彼、追高殺低。以 4 小時週期幫你盯盤的交易機器人就能解決這個問題，半夜發動的行情一樣幫你上車坐轎。

◎割捨不了凹單情結

做錯了，總是會有僥倖的心理，今天賠錢明天再看看吧，往往小賠了事一筆單，卻凹成敗光身家的一筆單。交易機器人只會按照程式碼交易，止損的速度比你考慮的時間還要快，沒有承認錯誤接受小賠，哪來的本金等到大賺的那天。

◎無法擁抱獲利

很久沒獲利的人往往會犯一個致命錯誤，就是賺錢就跑，一個可以賺 1000 點的進場點，可能搞成獲利 100 點平倉，這在 4 小時週期交易策略中就不容易發生。趨勢啟動時，海期交易程式常常抱到結算，加密貨幣也不難看到比特幣一單獲利 3 千點的單在手，這往往是人性難以把持的。許多人看到獲利稍有減少，即便條件還沒破壞自己就平倉下車，拉低了賺賠比，賺得不夠多，下次遇到幾次止損，又得從零開始。

克服人性的缺點，達到 24 小時全程監控交易的唯一方法，當然就是交給交易機器人，本書最後也提供讀者一個快速使用全方位策略的連結，以及註冊方法。

許多投資人經常為了錯過行情而感到可惜？是否總是無法判斷何時該認賠止損，何時又該獲利了結、落袋為安？

與其擔心而裹足不前，建議不妨嘗試網格交易，讓程式全天候自動執行低買高賣的交易。不僅可以幫助投資人在波動頻繁的市場中，克服貪婪心態與恐懼心理，達成穩健的獲利成長。

⑤ 網格交易能避免人為因素影響

網格交易是一種用戶可以透過程式，在特定價格區間進行自動低買高賣的交易程序。在波動較大的加密貨幣市場中使用，能有效避免人為因素所導致的錯誤決策，嚴格執行自行設定的交易策略。具體來說，網格交易有三大優點：

◎全年無休，自動交易不間斷

機器人 7 天 24 小時自動低買高賣進行套利，搭配加密貨幣全年無休、不休市的特性，用戶在睡覺休息、吃飯或工作的時間，都不會錯過

任何可交易機會與行情。

◎降低投資風險，戰勝恐慌心態

波動頻繁的加密貨幣市場帶來許多獲利機會，但也正因為高波動的特性，經常導致投資人作出錯誤的決策與判斷。網格交易是可以克服貪婪心態與恐懼心理，避免出現低賣高買的操作。同時，還能持續降低平均持倉成本。

◎適合震盪行情與標的，提升套利空間

加密貨幣市場有 70% 的時間都處在震盪行情，網格交易是能在設定好的價格區間進行規律、頻繁套利，嚴格執行設定好的買賣交易策略。投資人可以在震盪行情積累利潤，而非一個漲跌波段就輕易止盈出場或認賠殺出。同樣也適用於震盪標的，確實執行規律買賣，避免盲目追高與恐慌賣出。

即使網格交易具備以上的優勢，但是長期在做交易的投資人應該會發現，網格交易的資金利用率偏低，如果想要增加資金使用率，建議選擇合約網格。

合約網格的好處是可以放大槓桿操作（倍率最高為 100 倍），當開的時間或位置對了，後續依照投資人的方向走，短時間就能獲取大量利潤。當然，任何交易都不可能是穩賺不賠，因為行情的漲跌與幣價的走勢，是無法精準預估與判斷的，所以評估自己能承擔的風險，選擇合適的槓桿倍數也是重要課題！

網格交易策略不僅在傳統金融市場已廣為人知與應用，加密貨幣市場也逐步被認為是一種主流的投資方式。交易追求的是賺得久，擁有正確的交易心態再搭配適當的工具，絕對能夠幫助投資人在市場上活得更久、賺得更多！

重點整理

☑ 刀神深入闡釋 20 句關鍵語錄，例如：「支撐不破，壓力必過」、「逆勢打短，順勢波段」、「彈弓盤收最高或次高」、「停損是你的好朋友」、「讓市場決定賺多少，只防守不主動下車」……

☑ 在海期投資中，有些商品被稱為兄弟組。最常見的商品關聯性交易就是「貴金屬三兄弟」，包括黃金、白銀及白金。此外，與景氣好壞相關的商品是銅（HG）」和原油（CL）。

☑ Barchart、Finviz、財經 M 平方這三個實用的海期工具網站，在使用上完全免費，不需要額外付錢便可以參考許多重要數據。

☑ 用 AI 交易加密貨幣有 3 大好處：全年無休，自動交易不間斷；

☑ 降低投資風險，戰勝恐慌心態；適合震盪行情與標的，提升套利空間。

NOTE   /   /   /

第 5 章

刀神致勝心法，助你乘風破浪變身海期高手

實踐刀神的頂尖操盤心法，就能少走冤枉路

這一節主要向各位讀者介紹，我在實戰操作中累積多年的操盤心法，總共有 20 個。

（1）重點在建立優勢倉位，不急於實現獲利。

盤勢在走的時候，價格不會是一路向上或一路向下，無論做空或做多，能否承受價格來回震盪的關鍵在於，你的買點或賣點建立的位置，是不是比別人更有優勢？什麼是優勢倉位呢？通常是在圖上的「相對大量壓力區」放空，或是在「大量支撐區」做多。

放空時要特別注意，倉位成本在負斜率的小橘（240MA）線上，當價格上下擺盪時，不太容易碰到你的成本區，也可以避免發生反覆觸價停損而造成「白損」的窘境。同樣的道理，假設做多時倉位在小橘上，後面無論價格有沒有站上或跌破小藍（20MA）、小綠（60MA），在小橘建倉的多單，其實都不用怕虧損，因為價格都打不到成本。

當在做多或做空時，如果已錯過優勢倉位（大支撐或大壓力），才追高或追空，成本便處於劣勢。這時候，必須習慣性地趕快實現獲利，有賺錢先收口袋，才不會每一次出場都停損賠錢。因此，建議讀者要有耐心，等待優勢倉位來臨再進場，這樣面對價格震盪會更胸有成竹。

（2）防守在與主力成本同歸於盡之處。

以 60 分 K 為例，主力成本通常位於長上 / 下影線又出量的位置。假設在下跌的過程中，某一根 K 棒突然爆量收下影線上漲，該爆量位置的低點就是主力出手的位置，若等你看完它收腳之後才進場做多，成本一定會高於主力。

相對地，該如何設防守點呢？因為不想要虧錢，一般人通常會防守在自己的進場點，但事實上如果不想被洗掉、不希望白損（停損完低點沒破又噴出）的話，就應該防守在出量下影線的最低點。假設主力有意要拉抬價格，這個低點就不可能破，即使真的被跌破，果斷出場與主力同歸於盡就好，至少不是白損。

（3）買點跟買菜一樣，不會料理也不會有一桌好菜。

抱好比買好更重要。許多人明明在高點放空、低點做多，為什麼最後還是賠錢？看對行情卻沒賺到獲利，原因在於承受不住價格的震盪，稍微一點風吹草動就想下車，結果累積一堆停損單和小賺單。明明看對趨勢卻沒有抱好，這就像買一堆好菜回家，不會料理也是白搭。

（4）好的交易方式一波到底，不好的交易一魚多吃。

什麼是好的交易呢？例如 2020 年最夯的「黃小玉」和「棉花糖」，也就是黃豆、小麥、玉米、棉花、糖共五項原物料商品，基本上從年中到年尾都是一路多頭上漲，這時候最好的交易方式，就是進場後都不要動，才會賺大錢。

完成一筆好的交易並不容易，因為很少人可以一筆單抱 3 到 6 個月以上，還得從頭到尾不改初衷。在實戰操作中，順勢一波到底的交易可說是最高境界，一魚多吃是至少下車之後還接得回去。最糟糕的交易方式，是在一個商品上反覆多空操作，結果到頭來兩邊都沒有賺到錢。

（5）逆勢嚴謹，順勢重倉。

所謂「逆勢嚴謹」，是用小部位試單來測測風向。假設發現一個商品已經明顯超漲，甚至出現乖離過大或背離等現象，想要趁著上漲過程做逆勢單摸頭放空，這時候應該保持嚴謹態度，從小倉位開始試單。例如微型商品，假設真的下跌且跌破重要支撐，確認方向做對了之後，再慢慢加碼放大倉位。

所謂「順勢重倉」，則是指大幅度拉回找買點。順勢做多並不是追高做多，而是在多頭趨勢時，每次價格出現大幅度的拉回，才去重倉順勢做多。許多人會對拉回找買點有所誤解，事實上，並非每次的拉回做多都是逆勢操作，必須觀察整個市場的大格局是多或空。假設大多頭趨勢未被破壞，拉回找買點算是順勢操作。

（6）錯誤的分析不可恥，嚴格執行保青山。

方向看錯只要承認出錯，嚴格執行停損即可。假設今天進場摸頭放空，價格沒多久就漲過停損價位，建議確實執行停損認賠出場。寧願吃下那筆停損單，也不要永無止境的凹下去。

另外，凹單也分等級。有些投資人凹單不停損，是因為手上有十口的資金只打一口進去，方向看錯放著讓單漂流也沒關係。一般散戶最糟糕的操作是，拿來測方向的一口單還沒賺錢，就不斷加碼攤平，最後部位越來越大，小傷就成了重傷。

（7）三線斜率不同時，乒乓球盤整打好打滿。

什麼是乒乓球盤整？以我的策略邏輯來說，就是小藍、小綠、小橘的斜率都不同步，代表趨勢尚未成形，價格很容易在三條線之間上下來回震盪，就像是打乒乓球一樣。這樣的狀態可能會維持很多天，此時進場交易受創的風險非常巨大。

當三線斜率相同，突然有天價格重挫同時跌破三線，隔兩、三天價

格反彈會先突破其中一條，這時候價格就會位於三條線之間，容易出現乒乓球盤整，交易的難度最高。另外，要注意的是趨勢盤必須要三條線同時站上才算。

（8）挑選最適合的戰場，比在錯誤的戰場中求生存重要。

如何挑選正確戰場呢？我認為可以選擇性去做交易，做有把握的盤就好。例如，當發現三條線斜率同時翻正的趨勢盤再做單，只要一遇到盤整，就不進場交易。

（9）今天沒有買到最低沒關係，明天回頭看全都是好買點。

切記順勢交易不用執著要買最低點，順勢交易就是這樣，今天沒有買在最低點真的沒關係，通常這種趨勢盤，到了明天再回過頭看，反而會後悔昨天怎麼沒有多買一點。

相對地，逆勢交易就要找最好的位置。具體來說，假設要逆勢放空一個上漲中的商品，那建倉的位置當然挑最好的，所以實戰操作上必須更加嚴謹，畢竟只要沒抓到轉折，價格很快就會再衝上去，風險比順勢交易要大得多。

因此，建議各位以順勢交易為主，沒有買最低或空最高都沒關係，因為隔一、兩天再看，趨勢通常不會背叛你。

（10）最好的買點像追不到的女友，永遠不會讓你得到。

有句話說，追不到的永遠是最好的！有時看到指數忽然暴跌，收一根下影線長腳，每個人都想要買在那個最低位置，但你永遠買不到！好的買點只出現一次，不會有第二次機會讓你買，所以不要看到長下影線爆量，就在那個位置掛單想要買最低，因為它是最好的，只有主力有，你我都沒有。

其實，買到最低並不是好事！當所謂最好的買點出現之後，不需要

期待去買最低點,而是要等待價格突破重要壓力,等該壓力變成新的支撐之後再進場。假設今天下影線的低點真的出現第二次被你買到,那代表什麼意思?代表價格跌破了!所以說那根本不算是好買點,因為下影線低點是主力的成本,不該被跌破。

(11)追求好的進場點,不如追求好的波段。

投資海期不要追求穩賺,要追求好的波段。一般投資人之所以追求好的進場點,因為滿腦子都是「如何今天獲利」或「今天這筆單一定要賺,沒賺不行」的想法。

然而,真的能賺到大錢的交易方式是波段,是否有能力判斷目標商品明天、後天、大後天的價格會到哪裡比較重要,假設判斷未來的價格會比現在高很多,即使今天進場點不夠漂亮,也不要隨便平倉、輕易放棄自己的分析,可以等明天再看看。

建議進場前先思考未來,不管是做多或做空,進場前你都該先從日線格局去思考,一個月後,現在的進場價是相對高還是相對低?假設你在正斜率的年線上做大部位建倉,今天沒賺錢其實沒關係,因為一個月後,價格高於年線的機率通常較高。畢竟年線是重大支撐或壓力,既然碰到總有一天會拉出去,只是往上往下的區別而已,過幾天再回頭看這個位置,說不定很醜的買點,已經成了波段最佳進場點(前提是停損機制一定要做好)。

(12)順勢交易,不動賺最多。

我個人交易多年的體會是,不動反而賺最多。很多投資人每天多空來回操作,最後其實都沒賺到什麼錢,因為你有獲利也有停損。與其這樣,還不如挑一個優勢位置建倉,選擇不動反而賺更多。就像2020年從頭漲到尾的黃金,如果買進後不去管中間任何洗盤,反而會是最後的贏家。

　　讀者可能會問，如果不動那還要設停損嗎？我認為，順勢交易雖然不動賺最多，但還是要設停損。以放空操作為例，建議要找「近期的最高點」為停損點，如果價格沒有突破近期的最高點，只是在某個高點附近晃來晃去，但是一直沒有過高，那就不用執著現在是否有獲利，因為我們看的是一個月以後的行情。

（13）以留倉為目標，明天不會更好，今天何須庸人自擾。

　　在實戰操作中，有可能一天內大賺嗎？其實，要靠一天的單大賺並不太可能，除非你在最低點進場、最高點出場，而這還要考慮到每個商品單日的上下震幅。

　　即使單日的最低和最高點都抓到，只要執行「平倉」動作，隔天還是要從零開始，試想一下，像這種每天抓最低、賣最高的日子能維持多久？重點是還有賠回去給市場的風險。

　　因此，**要懂得運用獲利單保護損益。**當你今天進場的單已經獲利，請拿出勇氣用「獲利單」留倉來保護隔天的損益，畢竟已經處於優勢倉位，帳上獲利就像一把傘在保護你留倉的單，最多就是損益兩平。

　　順勢交易如果選對邊，正常狀況下是今天、明天、後天都是持續獲利。即使隔天沒有漲也應該留倉，因為價格只是沒有漲，並未出現大跌，仍在順勢的格局內。

　　在正常的順勢交易中，價格應該是一步一步墊上去，重複著「漲→漲→漲→小跌→漲」的循環，也就是進三退一的概念，千萬不要在「退一」的過程下車離開趨勢，必須全部吸收，才能賺到完整的波段行情。

（14）下單部位超過負擔，再好的分析最後也是輸家。

　　許多投資人心理之所以承受不住洗盤壓力，容易被洗出場的原因，多半是下單部位太大。例如高達總資產三成以上，即使大方向看對了，只要中間出現任何一次逆勢震盪，就很容易因下單部位超過負擔被洗出

場,導致平白無故吃了一堆白損。

　　為了不讓「原本可以當贏家,最後卻變成輸家」這樣的狀況發生,建議提高自己的容錯範圍。畢竟海期交易要比的不是誰看得準,而是下單部位必須控制在自己能接受的容錯範圍內,不要超過可負擔的風險,才有辦法靠正確的分析操作成為投資贏家。

(15)看對贏錢是當然,看錯不輸錢才是高手。

　　在實戰操作中,一定會發生看錯趨勢方向的狀況,但是輸多少才是重點。方向看對當然要贏,但沒有人每天都看對,交易久了通常會有五到六成的時間看錯,在這六成的時間裡面,「輸了多少」才是重點。即使勝率高達七成,也是有三成的時間要處理停損對。所以交易要把重點放在如何處理看錯的部位,而不是怎麼提高看對的機率。

(16)看對只能打嘴砲,做對只能餬口,抱對才是贏家。

　　不要追求每天看對,做對抱對就好。一般來說,海期投資人勝率只有四成,即使看對又做對只能維持一天生計。所以,真正要贏不是「做對」一天,而是要「抱對」才有用。

　　真正的贏家就是不斷看對、做對,最後更要靠抱對放大獲利。但現實中要連續看對是不可能的,所以不要浪費時間去學習提升看對機率的方法。

　　正確的觀念是抱對一次勝過看錯無數次。我們可以追求「今天十個商品看錯九個,只看對一個」,但看對的那個只要做對、抱對,自然能夠放大獲利,這時候再回頭看其他九個看錯的,根本就不算什麼。

(17)大家都會犯一樣的錯,但老手多半已經沒救。

　　海期投資的新手與老手有什麼差別呢?事實上,新手會犯的錯與老手是一樣的,差別在於老手通常比較固執,不太會修正自己的方法。因

此，有時候身為老手不見得是好事，當海期小白說不定贏更多。投資老手的過度自信往往是吃大虧的主因，菜鳥反而比較會尊重市場。

　　所以，我建議海期投資的新手，即使與大家犯一樣的錯，只要把訓練好投資紀律，絕對有機會賺得比老手更多。

（18）看相同資訊不代表會做出同樣決定，因為看不到未來。

　　找對買點只是海期投資的第一步，設定「目標價」則是關鍵的第二步。假設今天找對買點，尾盤獲利平倉，那明天怎麼辦呢？假設價格一路上漲，再也跌不回你原來的買點，那就代表當想要再次進場時，每個買點都可能吃停損，因為已經失去「優勢倉位」。

　　所以，好的行情需要盤整。當與別人買一樣的位置，如果無法抱到所謂的「目標價」才下車，便注定賺得比別人少。大部分的噴出行情，都需要經過長時間盤整，許多投資人栽在盤整階段，即是缺乏目標價的概念。心裡只想著賺錢，卻沒想過要賺多少，最後反而賣在上漲的起點，只能空手看著行情噴出。

（19）養大獲利比重新獲利重要。

　　許多投資人都認為要「入袋為安」，其實這不見得好。因為這樣的觀念，就是指明天還要再重來。但是，明天再重來的勝率是多少？要吃停損的機率有多高？我認為絕對超過五成。

　　今天沒吃到停損的那筆單，就該把它養大，能抱儘量抱，因為至少在極短線上是看對方向，並且是有獲利的。正確的作法是儘量拉長看對的時間，這也會避免跑去交易其他的商品。基本上，每一次重新交易其他商品，勝率都是五成左右。但只要今天做對投資、有獲利了，那勝率則等於 100%，因此要想辦法加碼讓獲利放大。

（20）輸贏不在於懂多少招，而是有沒有一招必殺技。

在海期交易中，懂得招式多反而容易混亂。許多人學習一堆理論和觀念，喜歡把基本面、技術面、籌碼面各種混搭，最後反而搞得很混亂，進場看一套，出場又是另一套，毫無紀律可言。

基本上，停損是必然，**輸贏只需要一招**！當只有一招時，好處是防守十分簡單，例如我的守則是：**60 分 K 下，價格站上小橘做多，價格跌破小橘做空**。當然，這樣的方式也會遇到停損，但實務上並沒有任何招式的勝率可以超過七成，所以說停損是日常也是必然，用越多招式並不會減少停損的次數，建議各位挑勝率最高的用就好！

以上是我個人交易多年的心法，希望能夠讓各位讀者作為參考，並運用在實戰操作上。最重要的一點是：當手上的單已經有獲利，儘量不要下車。畢竟一旦下車，就得再尋找另一個容易出現獲利的商品。

所以，帳上有獲利先不要急著走，確實設定保本與目標的停利價格，如此一來，吃到虧損的機率將會是零。就讓時間來幫你養大獲利，這是我的終極交易心法。

5-2

海期投資的關鍵 Q&A，為你逐一解答疑惑

Q1：可不可以用看台股的方式來操作海期？

大多數人都有這樣的疑問，我的答案是「不可能」！

每個商品有各自的獨立性，當台股在漲、美股可以拉回；美股續漲、台股也可以不漲，所以不要認為兩者一定有絕對的關聯性。

因此，個人建議還是以「是否突破均線」為準則，去做不同市場的判斷，也許在短時間內走勢未必會一致，但最終走勢的相對位置其實是差不多的。

Q2：海外期貨現貨開盤時，波動是不是比電子盤大？

波動與量能（成交量）的關係密不可分！

電子盤代表著美股開盤之前的所有波動，從台灣時間早上 6 至 7 點就開盤，一直到美股真正開盤時間（冬令是 10 點半；夏令是 9 點半）為止。

其實電子盤再怎麼上沖下洗，波動都不算太大，以 2020 年的道瓊指數為例，電子盤上下振幅頂多也在 100 到 200 點以內。但若是美股真正開盤，可能光一根 K 棒的振幅就高達 100 到 200 點，這時候才會出現波動最大的行情。

所以，我常提醒投資人，不管現在手上有多少部位，在美股開盤前最後一分鐘，請自己倒數計時，因為常會發生更大的波動。

在海外期貨交易上，刀神擁有超過 20 年實戰經驗。 作者提供

刀神開設實戰教室，傾囊相授海期交易心法和秘訣。 作者提供

Q3：海外期貨需要準備很多資金嗎？

以三大海外指數期貨（小那斯達克、小道瓊、S&P）為例，過往沒有其他商品可以代替，按照現在的制度來看，光是要做小那斯達克期貨需要準備的保證金，就高達新台幣 50 至 60 萬。

現在因為有推出微型商品合約，僅需原合約保證金的十分之一就可以交易，要準備的資金少很多，幾乎等同於台指期的小台。投資人可以透過微型小那斯達克、微型道瓊或是微型 S&P 等商品，參與美股指數的行情。

Q4：有賺就跑可以維持勝率？比放長線風險更低嗎？

「有賺就跑」這個觀念，在大部分的交易情境裡其實是錯的，真正能維持勝率的是看到轉折再跑！為什麼這麼說？就像是今天作對一筆交易，但怎麼知道後面有沒有大行情？

基本上，一般散戶的勝率只有三成，很聰明的程式交易勝率頂多四成，也就是投資人至少會有 60% 的時間在面對「停損」這件事。若是將交易原則設定為「有賺就跑」，賺到的錢通常與停損的錢差不多，長期來看不僅沒獲利還可能倒賠手續費。最慘的狀況是，許多人小賺就跑，卻不願意停損認輸，每次賠都賠大筆的，這保證一定輸錢。所以投資必須有賺，而且還要大賺，才能攤平其他 60% 時間在賠錢的停損單。

每個人都會做到大行情，但如果每次都賺一點點就跑，無法攤平其他損失。所以我不推薦「有賺就跑」的想法，「看到轉折再跑」才是正確的觀念。

Q5：海期主要就是做道瓊、那斯達克等指數嗎？

事實上，海外期貨可以交易的商品相當多。

舉凡與生活相關的產品，例如黃金、白銀、可可、咖啡、糖、黃豆、玉米、小麥等應有盡有。所以海期的世界其實非常廣大，值得每一個投

刀神強調海期商品眾多，而且低門檻、波動大、獲利快。　　　　作者提供

刀神擅長將繁複的投資技巧，歸納成好記易懂的金句。　　　　作者提供

資人好好探索，並不侷限於小那斯達克或道瓊指數而已。

Q6：海期商品多元，應該專心做一種還是多種兼顧？

我認為「因材施教」最重要！建議每個投資人都應該選擇適合自己交易屬性的商品。以下將海期商品類型與特性整理成圖表 5-1，方便各位讀者對照參考。

Q7：有沒有可以下海外期貨模擬單的網站？

其實，可以練習海外期貨模擬單的網站有很多，我個人推薦與海期商品結合的「Trading View」網站，免費版就很好用，即使付費也不需要花很多錢。

圖表5-1　海期商品類型與特性

海期商品類型	特性
指數 （例如：小那斯達克、小S&P、小羅素）	· 喜歡轉折。 · 盤整時間較長、趨勢行情較少。
能源與貴金屬 （例如：輕原油、黃金、白銀）	· 與時事高度相關。 · 例如，疫情導致航空停飛，造成輕原油大跌；當疫苗出現，各國陸續解封，帶動輕原油大漲。
農產品 （例如：咖啡、可可、糖、黃豆、玉米、小麥）	· 初學者入門的最佳選擇 · 容易有波段趨勢行情。 · 這些農產品是不用擔心會跌成龜苓膏的商品，因為屬於民生必需品，無論價格跌得再低都會有需求，所以每次跌到歷史10年低點，正是好買點。

透過大量線圖和實例，刀神詳細解說海期實戰交易技巧。　　　　　作者提供

刀派海期交易方法既具體又有效，深獲學員好評。　　　　　作者提供

網站當中內建的「Paper Trading」即是模擬單交易，模擬帳號可以連結到個人的券商，券商那邊也可以申請免費的模擬帳號。如果以澳洲券商 Oanda 為例，不需要支付費用，只需申請一個免費帳號，就可以結合 Trading View 的 Paper Trading 功能，進行免費的模擬交易，基本上從頭到尾都不用花錢。

Q8：海外期貨該如何找到相關分析資料或報告？

所有中文海外期貨分析報告都是翻譯來的，原始版本當然是英文資料，但英文報告實在太多。因此，只要到一個財經相關的新聞網站，例如 CNBC，裡面就會有不少分析師撰寫的文章。有興趣或想精進英文的讀者，可以自己去瀏覽。

但對我來說，新聞永遠是落後資訊，分析報告參考看看就好，畢竟新聞解析得再好，都不如仔細觀察關鍵的 K 棒有沒有站上支撐，或是有沒有突破壓力還來得重要。

Q9：平常的看盤介面應該要放哪一些技術指標呢？

在交易時，大部分的判斷錯誤都不是看錯指標，而是放錯週期，因為不同週期的指標代表的意義完全不同。許多人會覺得，看盤介面如果放太多技術指標，很容易眼花撩亂，其實會覺得亂，最主要的原因是「週期太短」。

例如，KD 和 RSI 本來就是震盪指標，會在 20 至 80 或是 80 至 20 之間不斷來回震盪，如果你用太短的週期去觀察這兩個指標，在極短線上很容易出現過熱或是超賣的訊號，事實上這是完全沒有意義的。

我建議若要參考震盪指標，無論是哪一種，都只需要關注「背離」的那一段即可，而且週期不可以低於 60 分 K，因為 60 分 K 以下的震盪指標來回都太過頻繁，還不如直接只看 K 線來交易。在實戰操作中，最好使用 60 分 K 或日 K，來觀察 KD、RSI 背離，才能做出比較正確的

除了實體與線上授課外，刀神也透過著作提供海期投資方法。 作者提供

刀神大方分享交易經驗和心得，更與學員和粉絲親切互動。 作者提供

交易判斷，不妨參考圖表 5-2。

Q10：台指期可用選擇權判斷盤勢，美股可參考什麼？

前文中有提到，SPY 是美股成交量最大的 ETF，可以從 Barchart 網站（https://www.barchart.com）上的「Option Prices」找到其選擇權價格，進而摸索出每天的 Call 及 Put 大量區位置，就跟台股從選擇權大量區，找壓力支撐是一樣的邏輯。

SPY 代表 S&P500（美國標普 500 指數）現貨價格的壓力與支撐，值得參考的理由，是因為美股成交量最大的現貨與期貨都是標普 500 指數，而不是道瓊、羅素或小那斯達克。因此，只需關心 SPY 或標普有沒有站上支撐或突破壓力，就足以作為指數操作的依據。

圖表5-2　看盤參考週期與交易守則

參考週期	交易守則
1~30分K	・直接裸K交易即可。
60分K或日K以上	・可以參考震盪指標「背離」現象。 ・均線三刀流：小藍（20MA）、小綠（60MA）、小橘（240MA）。

刀神指出，小資族掌握海期交易方法，就能賺全世界的錢。　作者提供

刀神受邀在投資講座授課，每場次都座無虛席。　作者提供

<table>
<tr><td>5-3</td></tr>
</table>

從籃球之神喬丹的贏球模式，領悟如何面對風險

在交易的路上我們常犯許多錯誤，重點不在於犯了什麼錯，而是犯錯之後，到底知不知道做錯什麼。

在投資時，或許你會經常問自己為何要這樣交易。籃球之神麥克・喬丹（Michael Jordan），每一次出手都有命中籃框的自信，但難道喬丹是因為百分之百的命中率，而成為史上最偉大的球員嗎？當然不是。

我以他職業生涯最輝煌的球季數據來分析，在 1990-91 球季，芝加哥公牛隊開啟三連霸王朝，而這一年喬丹的數據有什麼顯著的提升呢？有的。但只有兩分球命中率提升至 53.9%，三分球命中率仍維持 31%，罰球命中率維持 85%。在球場上，喬丹顯然知道三分球不是自己的強項，所以頻頻靠著切入與中距離得分，來取得球隊的勝利，並且拿下總冠軍的頭銜。

$ 用三項數據做為交易的參考

我們可以把兩分球、三分球和罰球命中率這三項數據，做為自己交易的參考。三分球得分較高，就好比想要「賭一把」或是一戰成名的交易，但即便喬丹也只有 31% 的命中率，69% 都是「虧損」的交易。

命中率達 85% 的罰球，才是你必須拿下的機會，但就如同打籃球，並不能常常站上罰球線。譬如參考「美國非農就業數據」，美國聯準會

刀神提醒在實戰操作時，均線是判斷多空狀態的絕佳工具。　　　　作者提供

刀神傳授學員如何運用均線三刀流，判別多空、抓準買賣點。　　　　作者提供

FED「利率決策會議」的結果來交易。最後回歸到賽場上，真正要對決的還是兩分球的命中率。

在巔峰時期，籃球之神喬丹只能維持 50% 以上的命中率，我統計自己在大賺月份，勝率也沒有超過 45%，這就是真正的問題所在。我總提醒要設停損：「**必要時轉身，或建立對鎖單**」。對鎖的意思是，在同一帳戶做數量相等但方向相反的交易。但許多人常常就因為「賭一把」的個性，忽略這些叮嚀而全盤皆輸。

你當然以為自己是喬丹而選擇投三分，但喬丹投三分時，也認為自己會進才投的。但現實是殘酷的，命中率卻只有三成，球場上投不進的球可以進去搶籃板、回防，盡力防守不要失分，但交易賭一把時，卻時常忘記防守。

當喬丹投不進三分球時，會改變策略投中距離，中距離投不進時會盡量切入製造犯規站上罰球線。當然現實是殘酷的，並不是喬丹改變策略就一定能贏球，不是嗎？

很多「外行人」會一直執著在，這個方法會輸，那個方法會輸，綜合運用也會輸的死胡同裡，這不就和外行人學喬丹打球，卻執著在投三分球一樣的意思嗎？

💲 坦然面對短期大幅回檔的風險

籃球之神喬丹不可能每一場球都贏，也不可能每年都拿下總冠軍。同理可證，交易策略也是如此。你的命中率再怎麼提升，勝率頂多還是五成，五成勝率的投資人生如同喬丹前七年都拿不到總冠軍，你的權益數（投資人保證金專戶的本日餘額＋未沖銷期貨浮動損益＋有價證券抵繳之數額）也會回檔五成，上升三成再跌至最大虧損（MDD），然後再創新高。

不過，如果對交易的認知是有虧錢就否定一切方法，這好比看喬丹

在刀派同學會，刀神總結年度交易精華，規劃次年交易計畫。 作者提供

刀神指導學員判讀全球投資市場走勢，面對台股更加如魚得水。 作者提供

打球前幾年一樣，因為他拿不到總冠軍，連續輸了幾場球，就認為他無法成功。

　　大部分的人都喜歡拿交易虧損，來否定一個交易方法，譬如 60 分 K 交易遇到問題時，就覺得 5 分 K 好棒棒；5 分 K 吃不到肉，則覺得乾脆用 1 分 K 零風險，但碰到另一個階段行情，1 分 K 吃零食時，卻羨慕日 K 創造的波段利潤，一直在顧此失彼。

　　重點是有些人拜 A 師數落 B 師的不好，拜 C 師數落 B 師的不好，好比是遊走在耶穌和玉皇大帝之間的信徒一樣，根本不知道自己在幹什麼。不知道什麼是「交易」，要的只是報名牌的神主位，管他是上帝、媽祖還是外星人，誰低於 90% 的勝率，都要被他數落一番。

　　就像體育頻道的電視評論員一樣，當然可以說喬丹不好、魔術強生不夠強、大鳥博德不夠準。但請記得一件事，我們終究知道你真的只是個評論員，再怎麼伶牙俐齒，還是無法上場與喬丹打一場球。

　　我與工程人員潛心研究策略的過程中，總算明白了一個道理，任何策略，都會短期虧損，差異只在「比重」。大概花了半年的時間研究不同的策略，試圖找出和罰球命中率一樣的交易策略，結果發現並不存在勝率 85% 的策略。嘗試各種不同的長短週期組合，再跑績效回測後就會自然發現，「長期」得到正報酬並不難，但任何一個交易策略都會有「短期大幅回檔的風險」，意思是回檔是不可避免的，所以花時間去找「如何避免、不可避免」的方法，叫做浪費時間。

　　關鍵在於，喬丹連輸三場球之後怎麼辦？他是一個職業運動員，有足夠的認知與調適能力去面對「一定會發生的事情」，但交易虧損卻常讓人崩潰，你無法向程式交易一樣持續執行，保持相同的心境，贏得最後的勝利。

$ 平常心面對虧損，才能贏得最後勝利

舉一個實際的例子，我一個朋友用 2 百萬跑程式交易策略，因為設定很保守，大約只打了 2 口小道瓊。有一次程式在小道瓊獲利一千多點才下車，他就問說，幹嘛留那麼多保證金？我回答「程式交易會贏啊，要下好下滿」，於是他改成 3 百萬，與程式打一樣的策略，重點是他說要打 8 口小道瓊，因為他想到如果上次交易是打 8 口，賺 1 千多點可以賺很多錢。

之後，有一天小道瓊因為消息面閃崩 600 多點，程式停損 8 口單虧損 60 多萬，這位朋友嚇到了，就說「程式設計不穩」，等穩了再跑程式單。然後，在沒跑程式交易的一個月內，程式績效又創新高，而他改為手單交易，卻賠光了所有保證金。

許多投資人如同這個朋友一樣，遇到策略交易回檔就說「策略有問題」，但閃崩屬於消息面與系統風險之一，在原設定的交易口數下，這樣的績效回檔完全不影響長期獲利，但如果你的口數忽大忽小，就會覺得贏的時候沒有贏很多，輸的時候輸很多，其實根本是下單的口數在作怪！因此，交易要穩定首先要看市場有沒有穩定，沒有穩定的走勢哪裡來穩定的交易策略？

無論如何，我也看盡人生百態，很多人因為自己不聽話、不遵守交易原則，責怪交易方法有錯誤，有些人因為自己用「賭一把」的心態剛好遇到盤整格局，也責怪交易方法不好。更多人就像這個朋友一樣，遇上一次大虧損後，停止了交易的一致性，遇上大虧損後對下一筆策略單不願意再堅持下去，然後在最不該離場的時候離場。

當然很多人會問，到底該怎麼度過這一段時期。其實，追根究柢是如何去面對「一定會發生的事情」。喬丹明明知道對手一定會用雙人包夾不讓他得分，難道便束手無策了嗎？

我想強調交易「一定會發生的事情」，做個比喻，進入這個領域一

開始創業投入 100 萬，一定會變成 50 萬，再變成 70 萬，在 100 萬以下打滾一陣子之後，才會看到 130 萬來臨。但某些人似乎總是認為，那些評論員說的好像很簡單一樣，一下場 100 萬就變成 200 萬。

我斬釘截鐵告訴各位，那是不可能的事情，這像是打麻將，新手直接來想天天胡清一色，叫做天方夜譚。

💲 專業的交易是科學不是神學

總而言之，虧損往往來自於不了解「喬丹的贏球模式」，把 50% 勝率的兩分球，結合 30% 勝率的三分球，也不一定能場場贏球，而是要每晚維持穩定輸出，做好防守壓制對手得分才能贏球。但如果老是一下拜東邪、一下拜西毒，一下拜老頑童為師，然後又覺得小龍女才好，請問要如何打贏這場仗？

專業交易和職業籃球一樣，是一門科學而不是神學，因此可以省下許多求神問卜的時間。跌跌撞撞都是交易必經的過程，其實我們也找到解藥了，唯有掌握「堅持策略，減少預測」的真正奧義，這些路才不會白走。

此外，喬丹從來不會理會電視評論員怎麼說三道四，我們也不需要活在別人狹隘的眼界之下，堅持自己的交易策略，並回測自己的交易策略，才是唯一要做的事情。

5-4

要交易眼前所看到的，而不是交易想看到的

　　我常常提醒學員，要看到證據再出手。很多海期交易的初學者以為自己在交易股票，虧錢了就加碼攤平，根本不知道自己在幹嘛，殊不知現在期貨一根日 K 輸贏在保證金的 30%，如果對眼前的「證據」視而不見，後果不堪設想。

　　很多初學者也常犯一個錯，就是想要在行情發生之前，自己先摸摸頭、猜猜底。但這投資是高風險事業，除非單真的下得很小，不然應該要無條件跟著市場走才對。那什麼叫做「跟著市場走」呢？最簡單明瞭的就是日線準則，當市場能站上五日線，就是多方態勢，市場站不上時則走空方。

　　我相信即便是盤整盤，也不會一個禮拜內來回五日線好幾次。當然你也可以學習更多技術分析，譬如月季線支撐加上正背離，若以計分板概念來看，給他 2 分，加上觀察看看 60 分 K 小藍、小綠是否翻正。如果是，那你的交易系統應該再給他 2 分。

　　很簡單的原則就是，要告訴自己，正 3 分時嘗試多單，負 3 分時則進空單，保持一樣的交易原則，最後只剩下如何設定停損、停利的問題。

$ 對證據視而不見就是賭博

　　當然實戰操作時，不見得做對方向就能獲利下車，多次被洗掉也是

日常而已，但至少做對方向，秉持「看到證據再交易」的原則，雖然沒有抱好，但沒犯什麼大錯已經很不錯了，因為即便虧損，也知道問題出在哪。如果總是憑著「盤感」來交易，即使做了幾千筆，還是找不到任何改善的方法，因為你根本無視眼前發生的任何變化，當然最終會被市場淘汰。

話說得再簡單，實戰絕對不簡單。最難的一種行情，不是順勢抱單而是遇到破底翻與過高殺的轉折。教學討論很容易，至於有沒有內化成自己的交易策略，那就得靠自己，因為教練「只能教你打球，不能幫你打球。」

如果你會在自己的交易計分板正 4 分時放空，負 4 分時做多，我也覺得你是個奇葩！存心跟自己作對嗎？無視眼前的證據，老想要搶在主力前面一大步，自然不會有好結果，看證據做單與看水晶球做單，根本是兩回事，而你是哪一種呢？

許多人的疑問是：正 4 分時都漲多了，能做多嗎？這個問題要問你自己，正 4 分時你常去放空有贏嗎？漲多漲少你說的算，還是主力說的算？你覺得漲多是漲 200 點，可是主力常常拉一波是 1000 點，所以你的漲多恐怕不是人家的漲多吧。

💲 交易並非靠幾場戰役，決定整個戰爭

每一年都會有不同盤型，以及面對過去從來沒有發生過的事情，新的開始老手新手其實都一樣，不斷調整自己的操作策略來適應新環境，但最害怕的是，以為只要交易策略正確就應該每天贏錢，然後賺進世界財富，其實並非如此。

在戰場上會有很多場戰役要打，一個月幾千場都有可能，而不可能贏得每一場，但要想辦法在年終之時贏得這場戰爭，即便曾經順遂贏了一大筆錢，都可能遇到回檔。

交易是一個持續不斷的過程所累積出來的成果，不是某個月大賺就找到了聖杯，某個月大賠就說聖杯是破碗。

大部分的基金年投報率是 15%~30%，以政府勞退基金為例，2020年第一季慘賠，但到了 2020 底績效卻由負轉正大賺，請問他們有改變任何交易策略嗎？其實沒有。而且，一年之中通常最常賠錢的時候就是第一季，前一年度剛結算完績效，各大基金經理人正好獲利小結殺一波，市場做了一個換手。有舊人出有新人進，好像皇宮中的嬪妃，剛進場的最後會不會變成皇貴妃尚在未定之數，但往往結果也與宮廷劇一樣，無法堅持走到最後、被提前淘汰。

如果要在市場上交易 10 年以上，每年都必須重來一次這個過程，因為每年市場都在調整，以前不可能的未來未必不會發生，但我們真的需要一直改變交易策略嗎？我認為不需要！

我用雙斜率交易策略久了之後發現，其實維持一樣的方法一樣每年都會經過類似的過程，如果在某些點位改變了交易方法，可能會面臨兩種極端狀況；一是找到了當時更賺錢的方法，二是在實驗過程中賠掉更多，再也回不去了。

即便是第一種情況，找到了當時更賺錢的方法，可能沒隔多久，新的方法還是要再次面對挑戰。換句話說，沒有一個方法有辦 45 度角往上發展，任何正確的交易策略都會遇上績效回檔。因此，最好的應對之道，就是不用改變，然後等待適合你的戰役到來。

例如，2020 年第四季傳統上是多頭旺季，基本上偏多操作 3 個月不賺錢也難，可是只要過了 2021 年 1 月 1 日後，市場變得凶猛無比，不斷的盤整，急殺加上急拉，又必須面對懷疑人生的階段。

但其實根本沒有必要改變什麼，因為這與交易方法、策略無關，只需要知道這是個不斷循環的過程，走到了底，最後還是會得到獲利的果實（見圖表 5-3）。

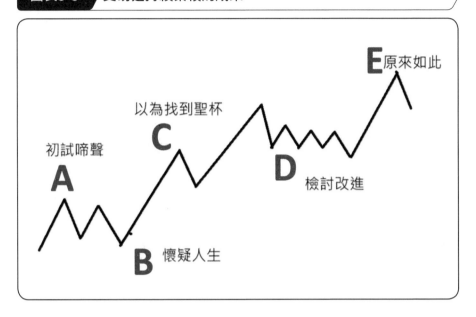

圖表5-3　交易是持續累積的成果

初試啼聲　**A**

B 懷疑人生

以為找到聖杯　**C**

D 檢討改進

E 原來如此

💲 停損是你的好朋友

　　我真實的勝率大約 44%，因此我公開挑戰那些聲稱勝率八、九成的話術，因為在勝率四成的情況下，我打出來的績效已經超過 100%，如果勝率超過八成，豈不賺翻世界財富？但那是天方夜譚，是坊間廣告用語，但這也是散戶不願真心改變自己的主要原因。

　　有許多人相信有交易聖杯、出手必勝的方法，所以不願意接受會虧損的交易方式。但走了大半輩子最後才會發現，根本不存在什麼無限攤平就不算虧損的交易方法，就好像鄭和下西洋要找長生不老的藥，怎麼可能找得到？而你花的代價是多少？ 10 萬、100 萬、500 萬、1000 萬，還是輸掉 1 億還在找呢？

　　我可以斬釘截鐵地說，不存在的東西永遠找不到，我常被酸民挑戰

說看錯行情，做錯單等，我很少回應這麼無知的問題，因為我很滿意44%的勝率，而那些在網路上的酸民，預測神準的老師，對帳單在哪兒？我是以一個過來人的身分，在想辦法導引讀者走正確的路，酸民們卻還是無知相信有神準的交易方法，不願意相信「停損」與「賺賠比」就是交易精髓。

指標很準不代表下一次交易，能夠達到一樣的績效，看圖說股票與拿對帳單秀買賣點是完全不同的事。無論波浪理論、葛蘭碧法則、均線交易、三關價的支撐壓力交易，以及 KD、RSI、MACD，裸 K，翻亞當、籌碼分析等等，都必定要面對「虧損」這件事！

因此，停損是你的好朋友。你根本不需要對一定會發生的事情感到恐懼，即使要從橋上高空彈跳，你只要確定繩索安全牢靠，防護措施完善，再危險的行為，也能將風險控制在可以接受的範圍之內，然後去盡情享受。

希望各位讀者早點認清事實，認真學習交易，以前大學教授會當人，學生都得認真讀書，不然就要一直延畢。現在你已知道交易市場的淘汰率超過八成，如果不努力學習正確的交易方法，總是網路找垃圾，做無用資訊的資源回收，被當掉只是時間問題。

我身邊不乏拿一千萬元、拿一億元去體會這個道理的人，如果沒有認清現實，不管口袋有多深，在這個地球上應該只有巴菲特不用停損，其他人只要交易方法出錯，畢業都是必然的事。「做錯停損」應該像呼吸一樣自然，「做對抱單」應該像抱小孩一樣珍惜。

5-5

對於技術分析外的問題，轉換心境讓操作有紀律

　　所謂操盤心境，就是在交易實戰操作上，難免會面對一些技術分析之外的問題，此時轉換心境，採取正確的思維，就是你能否成功解決問題、確實獲利的關鍵。

💲 調適心態與思維，讓操盤更客觀

　　接下來，我將分享自己如何調適心態與思維，讓交易實戰操作能更加客觀且順利地進行。

【1】停損是通往爆賺之路必要的損耗

　　在賺到一筆單之前，肯定會碰到相當多次的試單及損耗。這時候，要抱持「不要白損」的心態，這是什麼意思呢？當你今天停損，要把這筆損耗賺回來的唯一方法是：如果價格朝著原來規劃的方向發展，便應該認錯把它做回來，而不是停損完就放棄，如果眼睜睜看著價格往你原先規劃好的方向走，當下卻沒有任何補救動作，這就是白損。

　　很多人其實沒有看錯方向，只因為進場點不好，導致在洗盤的過程中不小心停損出場。按照紀律停損完全沒問題，重點是如果價格站回來，就必須要把它當成全新的一筆交易，客觀且理性地買回，把前一筆停損，當成通往爆賺之路的必要損耗。

白損的經典案例，叫做「破底翻」。在破底翻的過程中，基本上價格只要「破底」，市場上絕大多數的停損觸價單都會被觸發，而在價格往上翻的那一瞬間，通常多數人都會選擇放棄不追，最常見的理由就是擔心要再次停損。

此時如果轉戰別的商品，那這筆停損就真的是「白損」，往往要等到事後回顧，才發現自己當初的分析其實沒錯，而是心境沒調適好，以至於上一筆交易的結果影響到當下判斷，最終沒有做出買回的動作。

【2】追求百分之百的勝率只會讓你賺得更少

不想停損只會吃到更大的虧損。多數人在追求百分百勝率的過程中，最常犯的錯誤就是「無視」虧損，因為追求高勝率，甚至一定要贏，所以不想設停損，覺得反正只要不停損就不算輸，繼續凹就有機會凹到贏，維持百分之百的勝率。

市場價格盤整時，像這樣反覆凹單也許還凹得過，但只要碰到一次真正的大跌，後果絕對比你想像得還嚴重。比如跌 1% 時重倉去接某個商品，結果最後跌了 8%，說不定那一天保證金就全數歸零、原地畢業。這就是因為不想停損所致，最後反而害自己吃到了更大的虧損。

【3】佈局的成功與否，不在一個點而是一個面

應該把支撐壓力看做一個範圍，而不是單一價位。所謂佈局成功與否，不在於單一個點，而是一整個面。舉例來說，假設黃金1900是支撐，當它跌到 1895 時，仍不代表這個假設是錯誤的，你必須要用「面」的角度去思考，因為支撐不應該只是單一個點，而是一個面，因此，如果把支撐設定為 1890~1900 會更合理。

重要價格被跌破通常有多種因素，有時市場難免會受投資人情緒影響，導致超跌或超漲。像這種關鍵點位，通常會有對應的量價可以參考。

用範圍取代單一價位，超跌時用量來判斷。以黃金為例，假設價格

超跌時，忽然有高達 3000~4000 口的量，在極短線時間內通常有高機率止跌反彈，例如你設定黃金支撐在 1900，但價格在 1890 附近出量，這時候要接還是不接呢？

正因為如此，建議投資者不要死板地設定「單一價格」，來當作支撐或壓力的參考，畢竟有時出量的位置也不是設想的位置，所以實戰操作中，用範圍取代單一價格、超跌時用量來判斷支撐或壓力，是相對有彈性且穩健的做法。

【4】週期正確，心態才會正確

判斷趨勢時，退一步再看，也許有不同結論。很多人在判斷多空時，往往會把自己侷限在 1 分 K 或 5 分 K 的交易週期裡面。例如，看到 5 分 K 急跌就認為大勢已去。但退一步再重新看一次，其實這個 5 分 K 急跌的跌幅，對於整體趨勢來說根本不痛不癢，有時甚至連日 K 的五日線都沾不上邊。

所以你以為的大跌，可能完全無關緊要。很多人習慣看 5 分 K，線圖中 K 棒出現一根急跌就以為趨勢反轉，事實上打開日線圖再看一次，說不定完全察覺不到價格有發生什麼變化。因此要先看對週期，心態才會正確。

【5】5 分 K 的激情，不過是日線的漣漪

假設能保持正確的心態，用對的週期看待價格變化，像這種完全沒有改變趨勢的跌幅，跌到五日線反而是值得買進的機會，你面對這類短線急跌會處之泰然。畢竟多頭趨勢還在，而且尚未被破壞，遇到短線回檔難道不該買嗎？

假設心態沒有調整好，用錯誤的週期看待價格變化，很容易就會把隨便一個急跌當成要崩盤的警訊，因此做錯交易。例如在價格回檔，但還沒跌破五日線之前，明明是順勢交易的好買點，卻選擇摸頭做空被軋

（被迫平倉或持續買進股票回補），這是很多投資人最常犯的通病。

總之，在正常的狀況下，只要五日線尚未跌破，價格都還算是處於多頭趨勢。

【6】交易是專業行為，要賭博去賭場玩

市場可不是賭場。很多人面對交易的態度相當隨便，認為只是多空選邊站，不用任何資訊就可以進場作戰，事實上，這與賭博的行為完全沒有兩樣。

交易是一門專業，如果你喜歡賭博，說真的去賭場玩會更開心，畢竟那裡不只招待酒水、局、餐點吃到飽，甚至再輸多一點還可能招待免費住宿。但你在投資市場輸再多，別說免費住宿，連一碗滷肉飯的錢都不會有人幫你出。

因此，建議要把交易專業化，每個決定都要有理由。假設真把交易當賭博，對技術分析沒興趣，只想要每天玩骰子賭多或空各二分之一機率，有這樣的心態就不要進場交易，去賭場玩玩就好。

如果有心把交易做好，還是要往專業化邁進，盡量讓自己的每一筆操作都有所依據。例如，看到哪一些指標才選擇做空？是不是因為看到爆量才選擇低接？總要有一個「理由」去支持每個決定，別讓專業的交易行為淪為像是在賭運氣。

【7】適時不出手也是交易的一環

判斷出手時機也是一門專業。交易實戰操作這麼多年，直到現在還是常聽到不少投資人會抱怨：「今天沒有好點位、今天盤很難做」或是「找不到機會」等，如果真是這樣就不要出手。

我們應該要有個觀念：不出手不會怎樣，適時不出手也是交易的一部分。甚至有時選擇不出手，事後回顧會發現好險沒出手。為什麼這麼說呢？當天的價格就像在玩串燒一樣，上去又下來，衝進去不管做多或

做空，最後可能都會停損出場，因此當初不出手反而是對的，沒多賠就算賺到。

【8】跌破站上就是沒有跌破

舉個例子，來看看跌破的定義。假如價格剛跌破小橘（240MA），但幾個小時後又重新站上，請問算跌破了嗎？答案是：當然不算！

所以，跌破的真正定義是：價格跌破之後，再回測跌破的位置時卻站不回去。當碰到這樣的狀況，基本有兩種處理方式，如果是多單的場合，跌破當下離開，站上後再買回，若是空單的場合，則是跌破當下放空，站上之後就回補。

其實，並非每一次都會收腳止跌，跌破站上也是一種交易日常。雖然跌破站上發生的時間很短，但實際上在那裡維持幾小時當然有站上，即使被洗也沒有辦法。市場有時就是硬要跌破一下關鍵價位，接著馬上又站回去。畢竟總不可能每一次碰到關鍵價格就止跌吧？如果真是這樣，那市場上就沒有輸家，因為大家都看得懂。

很多人會一直糾結在「價格剛剛有跌破」這件事上，導致影響到後續的交易。對於跌破站上這樣的迷思，其實你只要專注於「現在」，以最新資訊為主即可。當價格跌破五日線又站回五日線，那「現在」到底是跌破還是沒跌破？答案當然是沒跌破。

也就是說，隨時都要看最新的資訊，只要現在價格沒跌破，就不要糾結它過去有沒有跌破。

【9】交易不要集中單一商品，因為勝率不是 100%

實戰操作上，分散交易絕對是必要的，建議至少做 3 種商品以上。我個人習慣把資金分配到 3 種以上的商品去做交易，為什麼？因為我們要每次都「看對」同一種商品，同時還得每天都要「做對」，這樣的機率毫無疑問是零！

所以必須分散交易，畢竟一次看錯 3 種商品的機率相對較低。即使 3 種商品只看對 1 種，其他 2 個停損也是可以接受的。千萬不要過度自信，認為一定會漲或跌，而把資金全部 ALL IN 在某一個商品上。這樣你只要看錯一次，很可能就畢業了。

【10】技術分析不是萬能，只有停損是萬能

　　在現實操作中，你無法操縱勝率，但你可以控制虧損。任何分析都會有瑕疵或是盲點，任何判斷都會有失誤或失手。有時你覺得形態是頭肩頂，價格偏偏就過高；有時你認為形態是頭肩底，價格偏偏就破底，甚至你覺得價格應該漲一倍，結果 0.5 倍就回檔，市場上各式各樣的狀況都有可能發生，而且完全不可控。

　　沒有所謂 100% 勝率的交易策略，即使你有 3 種勝率高達 60% 的技巧，也有 40% 的機率是停損收場。而且，它們都是獨立事件，加在一起後勝率更不可能變成 100%。你唯一能控制的，就是在需要停損時趕快停損，先把損失降到最小，才有本錢繼續挑戰下一筆交易。

【11】不會有一套衣服適用所有場合，交易也是一樣

　　不要一招打天下，兩招加在一起判斷會更安全。以我自己的爆橘戰法為例，當小橘正斜率做多、負斜率做空，難道所有的商品這樣操作都會賺嗎？當然不會。這只是在我經常交易的商品上也許有效，比如黃金價格碰到小橘通常都會反彈，但不代表把這套策略應用在可可、咖啡等，其他原物料商品上就有用。

　　交易久了可能會發現，有些商品比較適合小藍（20MA）或是小綠（60MA），其中絕大多數是小綠，但也有些更適合小橘。以我個人的操作習慣為例，我更偏好小綠和小橘選一條，甚至兩條斜率相同方向的更好。

　　現實中，不會有一套方法適用於所有商品，但如果可以把兩套勝率

穩定的方法結合在一起判斷，例如小綠加小橘同為正斜率就做多，小綠加小橘同為負斜率就做空，相信大部分的交易操作都可以適用。

【12】有時獲利入袋，反而會增加下次交易的風險

帳上的獲利單只要處理掉，下一筆交易你就得面對停損的風險。因為在進場時，就要先設定好停損點。因為，假設今天做 A 不順、做 B 不順，連做 C 也不順，沒有任何一筆單是獲利的，那就會很辛苦。

告訴大家一個避免虧損的秘訣：只要抓到一筆「獲利單」，便儘量放在帳上設定保本，不要有趕快按掉入袋為安的想法。除非今天你想趕快按掉獲利單、不做下一筆交易，那把獲利單平倉掉就沒問題，可以完全避免掉接下來面對停損的風險。

如果你可以遵守「今天損益為正就不做」的交易原則，獲利入袋反而是最好的選擇，因為交易次數持續增加，代表你每一次都得面對輸贏機率各半的風險，時間拉越長反而容易輸得越多。其實，能減少風險的方法是「不交易」或持倉「獲利單」，只有這兩個選擇才不會讓你面對虧損。

【13】交易不順，永遠都是自己的錯

交易不要挑錯時間。常交易海外期貨就知道，早上 7 點到下午 2 或 3 點，也就是歐股開盤之前的時段最難交易，這時候絕大多數的價格變化通常是煙霧彈，各種假摔或假漲，投資人很容易被騙。

交易不順遂不一定是技術分析出錯，最常見的就是「挑錯時間」導致，以海期為例，明明這個商品最大量的時段，就不是早上 7 點到下午 3 點，最容易看出價格趨勢的反而在美股開盤時間，那為什麼非得要在冷門時段進場，徒增自己的風險呢？

【14】不合理的走勢，也是市場的一部分

什麼是不合理的走勢？比如台股一直創新高、美股那斯達克卻持續破底。或以 2021 年 1 月 6 號為例，美國盤前羅素指數創新高漲 3%，可視同為美股的小那斯達克指數卻跌 2%，這也是極度不合理的現象。

因此，在做投資交易時，不要追求標準答案。不合理的走勢也是市場的一部分，交易久了，對市場要時時刻刻抱持懷疑的態度，不要找所謂的標準答案，畢竟什麼狀況都可能發生。

我自己曾經看過黃金從早到晚的線型，就像串燒或五線譜一樣上上下下，底不破底、高不過高，整整糾纏 23 個小時還不停止，即使美股開盤也沒有改變這樣的趨勢。這種情況雖然不合理，但確實發生過，若遇到就只能面對。

【15】虧錢是交易的一部分，贏家控制在自己手裡

贏家進場之前先想好自己能輸多少，設定「停損」進出都有紀律，即使價格上去又下來，或是看對但沒下車最後虧損，也願意承認自己看錯，甘願認賠並好好準備下一筆交易。輸家則是讓市場決定自己虧多少，虧損永無止境。曾經聽聞有人在台指期 14000 點放空，一路被尬到 15000 點也不下車，為何要用一單決定你的人生？

以上 15 個操盤思維，是我交易這麼多年以來的經驗分享，也是許多投資人心裡過不去的坎。在市場打滾難免會碰到一些難題，如果你有工具、有技術、有指標，什麼都有了，難道價格就「應該」要漲，甚至「應該」要跌嗎？

💲 心境處之泰然，市場沒有標準答案

面對不合理的走勢，最重要的是處之泰然的心境，千萬不要試圖從

市場中找尋標準答案，看漲不漲、看跌不跌都是家常便飯。如果你沒有調適好心境，交易就容易任性，做出不理性的操作，例如抄底越抄越跌、放空越漲越多。

所謂專業的投資人，必須學著去接受各種不合理的現象，交易到最後會輸錢的主要原因，都是有一套自以為「肯定」的劇本，而這套劇本的結局不是賺大錢就是賠大錢。由於太過自信，導致只會有大賺或大賠兩種結果。

如果沒有預設立場，完全去掉主觀意識。比如只看小橘（**240MA**）操作，當站上就做多、跌破就做空，不去理會任何新聞、基本面或籌碼面，單純只看一條線，有時勝率反而會高於自己主觀的操作。

若是主觀操作，結果是看錯就要認、不要凹。例如，美元指數大跌到 89，甚至跌破到 88 時，認為這個價位應該要止跌並反彈，同時歐元也應該要回檔，並且這樣的轉折只要一發生，指數也應該要轉折。

以上這段話，就是典型的預設立場！如果事情真的如預期發生，但美元指數是跌到 87，你還要堅持止跌反彈的看法嗎？當然不可以。因為市場走勢已經與你主觀預期完全不同，怎麼知道美元會不會繼續下探到 86、85 甚至 84 ？這時候如果堅持主觀操作，反而可能讓自己陷入極大的風險。

5-6
進入終局之戰，傳授你美指交易的必殺技

技術分析有上百種指標，交易方法人人不同，但勝率沒有一個是100%，這也是為何下單時必須設定停損的原因，去蕪存菁，留下正確的交易，讓市場自動去除錯誤的交易。

在交易的世界，唯一你有控制權的地方就是自己能決定要虧多少。

$ 兩種指標告訴你做多或做空

當止損單射出去，除非系統當機，不然就是虧你預先知道的範圍而已，但市場上存不存在一種指標，只要來了，百分之百會做多或者做空呢？答案是有的！

接下來，介紹芝加哥選擇權交易所（CBOE）公佈的選擇權 put/call 未平倉比率，統計的商品包含指數（index）和權益（equity）。我們可以用這些指標，觀察短線市場對於股市樂觀與悲觀的態度，當指標升高，表示市場行情可能轉而上漲；相反地，當指標降低，表示市場行情可能轉而下跌。根據過去的經驗，指標 10 日平均之後，若超過 1.1 代表美股可能接近短線低點，若小於 0.8 則容易出現短線高點。

◎【必殺技 1】

當 CBOE put/call 未平倉比率高於 1.2 時，我必定做多。即便看到指

圖表5-4　散戶投資人的看空與看多情緒

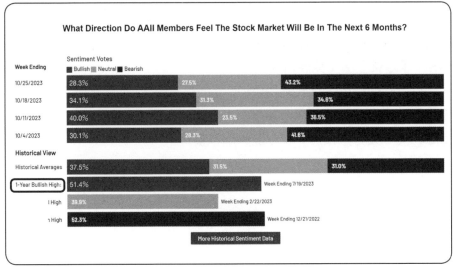

取自 The AAII Investor Sentiment Survey 截圖

數跌停板也要做多，依照歷史走勢，一週內勝率 100%。當該指標低於 0.8，往往在接近 0.7 時，將會看到高點轉折。

　　第二個指標是「散戶投資人情緒指數」，由美國散戶協會（The American Association of Individual Investors，AAII）提出（參考網址：https://www.aaii.com/sentimentsurvey）。

◎【必殺技 2】

　　見圖表 5-4，當 AAII 調查顯示，市場看空（Bearish）情緒超過 50% 時，做多就對了！相對地，當市場看多（Bullish）情緒高於 50% 時，多出反空。

　　從圖表中的紅框處，可以知道 2023 年 7 月 19 日市場看多情緒高達

51.4%，而標普 500 指數自 7 月 19 日開始，在 3 個月的時間裡總共下跌超過 10%（見圖表 5-5）。

同樣地，2022 年 12 月 21 日市場看空的情緒高達 52.3%，結果在往後的 7 個月，標普 500 指數上漲超過驚人的 21%，一直到看多情緒超過 50%，才結束上漲（見圖表 5-6）。

以上兩個指標，是我絕對會使用的必殺技，提供給讀者參考。若其他指標常投出變化球讓你揮棒落空，這兩個指標出現時，就要當作快速直球對決、大力揮棒，一次就能擊出全壘打！

圖表5-5	標普 500 指數的大幅下跌

取自 TradingView 看盤系統截圖

圖表5-6	標普 500 指數的驚人上漲

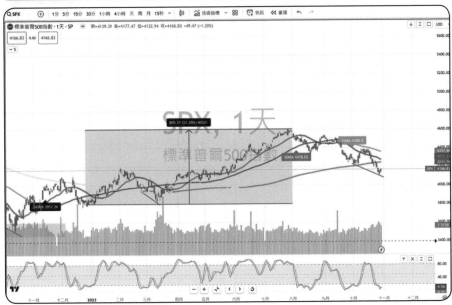

取自 TradingView 看盤系統截圖

重點整理

☑ 刀神在實戰中累積多年的 20 個操盤心法，包括「三線斜率不同時，乒乓球盤整打好打滿」、「追求好的進場點，不如追求好的波段」、「下單部位超過負擔，再好的分析最後也是輸家」、「養大獲利比重新獲利重要」……

☑ 刀神詳解海期投資的關鍵 10 個提問：「海期商品多元，應該專心做一種還是多種兼顧？」「海外期貨該如何找到相關分析資料或報告？」「台指期可用選擇權判斷盤勢，美股可參考什麼？」……

☑ 籃球之神喬丹不可能每一場球都贏，也不可能每年都拿下總冠軍，而交易策略也是如此。專業的投資交易與職業籃球一樣，是科學而不是神學，唯有掌握「堅持策略，減少預測」的真正奧義，投資路才不會白走。

☑ 進行交易時，不見得做對方向就能獲利下車，多次被洗掉也是日常而已，但至少做對了方向。秉持「看到證據再交易」的原則，雖然沒有抱好，但沒有犯什麼大錯，即便虧損也知道問題出在哪裡。

☑️ 「做錯停損」應該像呼吸一樣自然，「做對抱單」應該與抱小孩一樣珍惜。不論是波浪理論、葛蘭碧法則、均線交易、三關價的支撐壓力交易，還是 KD、RSI、MACD，裸 K，翻亞當、籌碼分析等，都必定要面對「虧損」這件事。

☑️ 在實戰操作時，難免面對一些技術分析之外的問題，此時轉換心境，採取正確思維，就是確實獲利的關鍵：「追求百分之百的勝率只會讓你賺得更少」、「佈局的成功與否，不在一個點而是一個面」、「適時不出手也是交易的一環」「有時獲利入袋，反而會增加下次交易的風險」……

☑️ 市場上存在一種指標，只要來了，百分之百知道做多或做空，那就是「美指交易必殺技」。例如，當 CBOE put/call 未平倉比率高於 1.2 ，或是當 AAII 調查市場看空（Bearish）情緒超過50%，做多就對了！

NOTE   /   /   /

NOTE /　/　/

後 記

水可載舟亦可覆舟！
執意滿倉交易必遭 MDD

　　許多人學習交易原理之後，開始陸續開發量化交易策略作為輔助交易的工具，這是一個好的開始。

　　舉例來說，在 2024 年初，我曾協助一個朋友開發可可的量化交易策略。在他的可可期貨交易中，共有 6 個交易策略（見圖表 6-1），並且持續增加當中，而他也藉由輔助工具，成功捕獲 2024 年 1 月到 3 月的可可行情，使得帳戶權益數在 3 個月期間，從新台幣 200 萬元達到 1800 萬台幣（見圖表 6-2）。

圖表6-1　6個可可期貨交易策略

在這段期間，這位朋友也曾經翻船，因為犯了一個全天下量化交易者都犯過「滿倉交易」的錯誤。他一度因為連日洗盤，造成權益數驟降500萬元，這也是許多交易者的通病。

當你順風順水時，會不自覺地放大部位，沒有預留保證金，即使做對方向，也會因為主力洗盤而造成磨損。如果從事滿倉交易，根本無法度過磨損期的消耗戰。

在我幾經勸導之後，這位朋友才知道盤整時期的恐怖，不再每天拿多餘的保證金餘額加倉，預留 1/2 以上的保證金餘額，才能把握住他最後一次多單，保持 39 萬美元獲利。在安全下車之後，最終達到新台幣1800 萬元權益數的目標。

💲 滿倉交易 vs. 主力 AV 洗盤大法

很多人都以為預留保證金會浪費資金使用效率，也有學員問我，對於明明可以賺錢的交易，為什麼要保留那麼多錢閒置不用呢？老實說，我看過許多抱持這種態度的投資者都會做滿倉交易，最後都無法在市場上存活。

他們會以為問題出在交易邏輯，其實就如同成功獲利的人也會犯的錯一樣，是忘記除了上漲和下跌之外，洗盤也是主力常用的手法。行情不來，即使想使用波段交易策略，也沒有波段可以捕捉。

在這段期間，主力最常用的手法是 AV 洗盤大法，正是波段交易者的夢魘。一般來說，遇到長時間的洗盤，投資者要面臨的「最大連續交易虧損」，也就是俗稱的 MDD（Max Draw Down），往往高達保證金的100% 至 150%，這也是各家投顧公司交易策略最常標榜的區間。而且，做長時間交易一定會遇到「最大連續交易虧損」，也就是保證金100% 的回檔。

換句話說，如果用 1/2 保證金交易，面臨的大約是 50% 的權益數回

圖表6-2	可可期貨交易3個月，績效顯著

約當台幣	▼		全部商品	國外期貨	國外選擇權
2024/03/27 00:39:07		2024/03/26 17:49:04			⋯
項目	資料	操作 商品	即時價	成均價	未平口數
昨日餘額	8,041,932.00	平倉 CC_可可 202405	9945	8,526.285714	28口
存/提款	0				
本日手續費	7,402.00				
本日交易稅	0				
當日權利金收支	0				
期貨平倉損益淨額	10,196,854.00				
履約損益	0				
今日餘額	18,231,384.00				
未沖銷期貨浮動損益	0				
專戶浮動餘額	18,231,384.00				
原始保證金	0	損益: 美元 397,240.00			

檔，如果用 1/3 保證金去交易，則是 30~35% 的權益數回檔。由於這是可計算的風險，成熟的量化投資者一般都不會因此而改變交易邏輯。

這個做可可的朋友也沒有因洗盤造成權益數拉回，而改變他的交易邏輯，因為正確的交易方法同樣要面對績效拉回。成熟的投資者必須懂得面對與管理交易策略，認知績效拉回必定來臨，那麼來到的時候才不會驚慌失措。

總之，切勿滿倉交易，因為這是不尊重市場的一種行為。如果執意去做，市場往往就會讓你認識什麼是最大連續交易虧損！

NOTE /　/　/

NOTE   /   /   /

國家圖書館出版品預行編目 (CIP) 資料

海期刀神教你用100張圖實戰均線三刀流／刀神著
--初版. --新北市：大樂文化有限公司，2025.01
224面；17X23公分. --（Money；063）

ISBN：978-626-7422-74-8（平裝）
1.證券投資　2.投資技術　3.投資分析
563.53　　　　　　　　　　　　　　　113019090

Money 063

海期刀神教你用100張圖實戰均線三刀流

作　　者／刀神
封面設計／蕭壽佳
內頁排版／蔡育涵
責任編輯／李湘平
主　　編／皮海屏
發行專員／張紜蓁
財務經理／陳碧蘭
發行經理／高世權
總編輯、總經理／蔡連壽
出 版 者／大樂文化有限公司（優渥誌）
　　　　　地址：220 新北市板橋區文化路一段 268 號 18 樓之 1
　　　　　電話：（02）2258-3656
　　　　　傳真：（02）2258-3660
　　　　　詢問購書相關資訊請洽：（02）2258-3656
　　　　　郵政劃撥帳號／50211045　戶名／大樂文化有限公司

香港發行／豐達出版發行有限公司
地址：香港柴灣永泰道70號柴灣工業城2期1805室
電話：852-2172 6513　傳真：852-2172 4355

法律顧問／第一國際法律事務所余淑杏律師
印　　刷／韋懋實業有限公司

出版日期／2025年01月22日
定　　價／450元（缺頁或損毀的書，請寄回更換）
I S B N／978-626-7422-74-8

刀派全課程介紹

刀際效應--
**是每週的盤勢覆盤，
講解技巧應用**

刀派期權實戰必備戰技--
刀派最完整的技巧一次學會

凱子小刀量化機器人課程--
小刀程式交易邏輯教學課程

刀神的海期教室youtube

刀派明星雲全課程